DER KNIENDE CHRIST

AUTOR UNBEKANNT

HEROLD BUCH

Die englische Originalausgabe erschien unter dem Titel *The kneeling Christian*.

Für die Bibelstellen der deutschen Übersetzung haben wir vorwiegend die Bibelübersetzung der *Schlachter 2000* verwendet. Wo andere Übersetzungsvarianten genutzt wurden, wie die *Neue Genfer Übersetzung* (NGÜ) und gelegentlich ihre Alternativfußnoten oder auch *eigene Übertragungen* (eÜ), wurden diese mit den angegebenen Abkürzungen kennzeichnen.

ISBN 978-3-88936-008-3

Übersetzung, Satz und Einband: Benjamin Schmidt, Heroldverlag
Coverbild: Pixel Creative @ lightstock.com; ID 163300
Druck und Verarbeitung: CPI-Books
Printed in Germany

Der kniende Christ

»Da schrien sie zum Herrn in ihrer Not, und er rettete sie aus all ihren Ängsten. Er führte sie heraus aus Dunkelheit und Finsternis, und ihre Fesseln zerriss er. Nun sollen sie dem Herrn danken für seine Güte und für seine Wunder, die er für die Menschen vollbringt.«

Psalm 107,13-15

INHALT

VORWORT DES AUTORS

Ein Reisender besuchte in China während eines großen Festtages einen heidnischen Tempel. Dort versammelten sich viele Menschen, um einen heidnischen Götzen anzubeten, der von einem heiligen Schrein umschlossen war. Der Reisende beobachtete, dass viele von ihnen kleine Papierstücke mitbrachten, auf die sie ihre Gebete geschrieben hatten. Diese Papierstücke wickelten sie in kleine Ballen zähen Lehms ein und warfen sie auf den Götzen. Der Reisende erkundigte sich nach dem Grund dieses seltsamen Vorganges und erfuhr, dass, wenn die Lehmbällchen fest am Götzen haften blieben, das Gebet sicherlich erhört würde; wenn aber der Lehm abfiele, würden die Gebete von dem Götzen abgewiesen.

Wir lächeln vielleicht über diese eigenartige Weise, mit der diese Menschen die Erhörbarkeit ihrer Gebete prüfen. Aber ist es nicht so, dass auch viele, die zum lebendigen Gott beten, nur sehr wenig über echtes, siegreiches Beten wissen? Dabei ist das Gebet doch der Schlüssel, der die Türen zu Gottes Schatzkammern öffnet.

Es ist sicher nicht übertrieben zu sagen, dass echtes geistliches Wachstum (Sieg über Versuchungen, Hoffnung und Friede trotz Schwierigkeiten und Gefahren) jede innere Ruhe in Zeiten großer Enttäuschungen oder angesichts schwerer Verluste, jede bleibende Gemeinschaft mit Gott von dem täglichen persönlichen Gebet abhängt.

Dieses Buch wurde wegen vieler Aufforderungen und nach langem Zögern geschrieben. Es geht unter viel Gebet hinaus. Möge ER, der sagte, *»dass es nötig ist, allezeit zu beten und nicht nachlässig zu werden«* [1], uns lehren zu beten.

---

1 - Lukas 18,1

❁ 1. ❁
DIE GROSSE NOT DES GEBETS

»Und [Gott] war verwundert …«[1] Dieser Vers mag uns sehr überraschen und sollte unsere Aufmerksamkeit erregen: ein Gott, der sich wundert! Aber wie muss es uns erst gehen, wenn wir die Ursache von Gottes »Verwunderung« erfahren! Vielleicht erscheint sie uns anfangs als sehr banal; sobald wir aber bereit sind, die Ursache sorgfältig zu bedenken, werden wir entdecken, dass sie für jeden, der an Jesus Christus glaubt, absolut wichtig ist – ja dass nichts anderes so bedeutungsvoll, so lebenswichtig für unser geistliches Wohlergehen ist, wie diese eine Sache!

»Und [Gott] war verwundert, dass kein Fürsprecher da war.«[2]

»Aber das, was dieser Vers beschreibt, war vor langer Zeit«, mag jemand einwenden, »vor dem Kommen des Herrn Jesus Christus *›voller Gnade und Wahrheit‹*, vor der Ausgießung des Heiligen Geistes, *›der uns in unserer Schwachheit zu Hilfe‹* kommt, *›der mit Flehen und Seufzern für uns eintritt‹* und in uns ist.«[3]

Und ja, es war vor den wirklich erstaunlichen Verheißungen unseres Erlösers in Bezug auf das Gebet; bevor die Menschen viel über das Gebet wussten; in den Tagen, als das Opfer für die eignen Sünden mehr Bedeutung zu haben schien als demütige Fürbitte für andere Sünder. Aber wie groß muss Gottes Verwunderung dann erst in unserer Zeit sein, wo noch so wenige unter uns wissen, welche Bedeu-

---

1 - Jesaja 59,16
2 - Ebd.
3 - vgl. Römer 8,26 NGÜ

tung das Gebet eigentlich hat und welches Vorrecht es ist, mit Gott zu reden! Jeder von uns wäre sicher bereit zu bekennen, dass er betet. Aber wie viele von uns glauben wirklich, dass Gott ihr Gebet wirklich gebraucht? Nun, bevor wir einen Schritt weitergehen, möchte ich dich ernsthaft bitten, nicht flüchtig über das hinwegzulesen, was in diesen Kapiteln steht. Denn es hängt so viel vom Gebet ab, ganz einfach deshalb, weil *alles* von Gott abhängt.

Warum scheitern so viele Christen häufig? Die Antwort ist: Weil sie Gott um so wenig bitten!

Warum sind viele, die vollzeitlich in Gottes Reich arbeiten so oft entmutigt und geben auf? Weil sie Gott um so wenig bitten!

Warum erleben so viele, dass Gott ihrem Dienst nur so wenig Frucht schenkt und nicht mehr *»von der Finsternis zum Licht«* gebracht werden? Weil sie Gott um so wenig bitten!

Unser Herr Jesus ist heute so mächtig wie eh und je. Es ist heute noch genauso sein Anliegen, dass Menschen gerettet werden, wie einst. Sein Arm ist nicht zu kurz, um zu erretten, und er ist ganz sicher nicht auf unsere Gebete angewiesen, aber wir verachten so schnell das Vorrecht, dass er unsere Gebete gebrauchen will, weil wir nicht ernsthaft und dauerhaft beten.

Wir dürfen dessen sicher sein: Das Geheimnis aller Misserfolge ist unser Mangel an persönlichem Gebet.

Wenn Gott »verwundert war« in den Tagen Jesajas, dann brauchen wir nicht überrascht zu sein, wenn wir feststellen, dass er sich auch in den Tagen seines Menschseins wunderte. Er wunderte sich über den Unglauben einiger — einen Unglauben, der ihn augenscheinlich davon abhielt, ein mächtiges Wunder in ihren Städten zu tun.[1]

Aber wir müssen bedenken, dass die Menschen, die

---

1 - vgl. Markus 6,6

sich dieses Unglaubens schuldig machten, nichts an Jesus sahen, das sie dazu veranlasst hätte, von ihm begeistert zu sein oder an ihn zu glauben. Wie muss aber dann erst heute seine Verwunderung sein, wenn unter uns, die wir vorgeben, ihn wirklich zu lieben und seinen Namen anbeten, so wenige sind, die sich wirklich aufmachen, um sich an Gott zu halten![1] Gibt es wirklich etwas Seltsameres als einen Christen, der praktisch nicht betet?

Wir leben in ereignisreichen und unheilvollen Tagen, die in der Bibel »die letzten Tage« genannt werden, und für die Gott verheißen hat, seinen Geist über alles Fleisch auszugießen.[2] Aber die große Mehrheit derer, die sich Christen nennen, weiß nicht, was Gebet eigentlich bedeutet; und manch »christliche Gemeinde« hat nicht nur *keine* Gebetsversammlungen, sondern lehnt auch solche Zusammenkünfte ab und macht sie sogar lächerlich!

Die Kirche von England erwartet, da sie die Wichtigkeit von Anbetung und Gebet anerkennt, von ihren Geistlichen, dass sie jeden Morgen und Abend in der Kirche Gebete lesen. Aber wenn das getan wird, geschieht es dann nicht oft vor leeren Kirchen? Und werden die Gebete nicht häufig in einer Weise heruntergeleiert, die wirkliche Anbetung unmöglich macht? Demnach muss das allgemeine Gebet notwendigerweise eher unklar und fraglich sein.

Und wie steht es um die Gemeinden, die ihre gewohnte wöchentliche Gebetsstunde beigehalten haben? C. H. Spurgeon konnte voller Freude berichten, dass er jeden Montagabend eine Gebetsversammlung besuchte, die »kaum weniger als tausend bis zwölfhundert Teilnehmer zählte«. Haben wir etwa aufgehört, dem Gebet zu vertrauen? Und wenn wir noch an den wöchentlichen Gebetstreffen festhalten, ist es dann nicht trotzdem eine Tatsache,

1 - vgl. Jesaja 64,6
2 - vgl. Joel 3,1 ff.

dass die Mehrheit der Gemeindemitglieder nie daran teilnimmt? Ja, viele denken nicht einmal daran, teilzunehmen. Wie kommt das? Wessen Schuld ist das?

»Heute ist nur Gebetsstunde« — wie häufig haben wir diesen Satz gehört?! Wie viele von euch, die ihr diese Worte lest, haben Freude an der Gebetsstunde? Ist sie für uns wirklich etwas Erfreuliches oder vielmehr eine Pflicht? Nehmt es mir nicht übel, wenn ich so viele Fragen aufwerfe und das aufzeige, was sich als gefährliche Schwäche und bedauernswerter Mangel in unseren Gemeinden zeigt. Es geht nicht darum zu kritisieren, und noch weniger zu verdammen – das kann jeder! Mein sehnlichster Wunsch ist, dass die Christen wieder neu beginnen, sich an Gott zu halten. Hierbei möchte ich ermutigen, motivieren und aufhelfen. Denn zu keinem Zeitpunkt sind wir höher, als dann, wenn wir uns auf unseren Knien befinden.

Ich wage es nicht, jemanden zu kritisieren! Wenn wir auf unsere Vergangenheit zurückblicken und uns an die Gebetslosigkeit in unserem eigenen Leben erinnern, dann verschwindet jedes Wort der Kritik von unseren Lippen. Aber ich glaube dennoch, dass die Zeit gekommen ist, in der ein Weckruf an jeden Einzelnen und an die ganze Gemeinde Jesu nötig ist — ein Ruf zum Gebet.

Können wir es eigentlich wagen, uns der Frage nach dem Gebet zu stellen? Diese Frage scheint doch ziemlich unnütz zu sein, denn immerhin ist das Gebet ein wichtiges Element aller Religionen! Trotzdem wage ich es, den Leser zu bitten, sich ehrlich und aufrichtig der Tatsache zu stellen. Glaube ich wirklich daran, dass das Gebet mächtig ist –, ja dass es sogar die größte Macht ist, die Gott uns auf Erden zur Verfügung stellt? Stimmt es nicht, dass das Gebet »die Hand in Bewegung setzt, die die Welt bewegt«?

Aber: Gelten Gottes Gebets-Anweisungen überhaupt noch? Und wenn ja, gelten sie dann auch wirklich mir?

Wir mögen alle murmeln: »Ja—ja—ja«, wenn wir diese Fragen lesen. Niemand würde es wagen »Nein« zu sagen. Und doch: Glauben wir, dass unser Herr uns jemals ein unnötiges oder unverbindliches Gebot gab? Glauben wir wirklich daran, dass er auch nur eine seiner Verheißungen nicht erfüllen könnte oder wollte? Jesus gab uns drei große Gebote für unser endgültiges Handeln: Betet, tut dies und gehet hin!

Gehorchen wir ihm? Wie oft wird das Gebot »tue dies« von unseren Predigern heute wiederholt! Man könnte beinahe meinen, es sei das einzige Gebot unseres Herrn. Wie selten aber werden wir auf seine Aufforderung hingewiesen, zu »beten« und zu »gehen«? Wenn wir aber seiner Anweisung zum Gebet nicht gehorchen, dann ist sowohl das »Tue dies« als auch das »Gehe« nur von geringem oder gar keinem Nutzen.

Man kann tatsächlich sagen, dass unser Versagen im geistlichen Leben und in der Arbeit an Gottes Reich mitunter auf mangelhaftes und unzureichendes Gebet zurückzuführen sind. Bevor wir nicht den Wunsch haben angemessen zu beten, können wir weder angemessen leben noch angemessen dienen. Dies mag auf den ersten Blick übertrieben klingen, aber je mehr wir es im Licht der Heiligen Schrift überdenken, desto mehr werden wir von der Wahrheit dieser Feststellung überzeugt sein.

Um nochmals einen genaueren Blick darauf zu werfen, was die Bibel über dieses großartige und geheimnisvolle Thema zu sagen hat, sollten wir versuchen, einige der Verheißungen unseres Herrn so zu lesen, als hätten wir sie noch nie zuvor gehört.

Vor mehr als zwanzig Jahren studierte ich auf einer theologischen Schule. Eines frühen Morgens stürzte ein Studienfreund — heute einer der führenden Missionare Englands — in das Zimmer, in der Hand die offene Bibel.

Er bereitete sich für das Amt als Prediger vor, obwohl er zu jener Zeit erst kurz bekehrt war. Er war zur Universität gegangen, ohne sich große Gedanken um geistliche Dinge gemacht zu haben. Umgänglich, klug und sportlich, wie er war, hatte er sich gerade einen Platz im exklusivsten Kreis seiner Universität erobert, als Christus begann, in seinem Herzen zu wirken. Er kam zum Glauben an Jesus Christus und wurde ein mutiger Nachfolger seines Meisters. Die Bibel war verständlicherweise ein völlig neues Buch für ihn, und als Folge davon entdeckte er ständig etwas Neues in ihr. An jenem Tag, an dem er in mein Zimmer stürmte und mich in meinem Bibelstudium unterbrach, rief er aufgeregt — sein ganzes Gesicht vor Freude und Überraschung strahlend —: »Glaubst du das? Ist es wirklich wahr?« »Was soll ich glauben?«, fragte ich, indem ich mit einigem Erstaunen auf die geöffnete Bibel blickte. »Wie verhält es sich damit ...«, und er las mit heftiger Stimme Matthäus 21,21+22:

»›*Wenn ihr Glauben habt und nicht zweifelt, ... Und alles, was ihr glaubend erbittet im Gebet, das werdet ihr empfangen!*‹ Glaubst du das? Ist das wahr?« »Ja«, erwiderte ich, einigermaßen erstaunt über seine Aufregung, »natürlich ist es wahr, — natürlich glaube ich das.« Aber durch meinen Kopf schossen allerlei Gedanken! »Das ist eine wunderbare Verheißung«, sagte er, »sie erscheint mir völlig unbegrenzt! Warum beten wir dann nicht mehr, als wir bisher tun?« Er ging weg und ließ mich nachdenklich zurück. Ich hatte diese Verse nie auf diese Weise betrachtet. Als sich die Tür hinter ihm schloss, erhielt ich eine völlig neue Sicht von meinem Heiland, seiner Liebe und seiner Macht, wie ich sie nie zuvor hatte. Ich bekam mit einem Mal ein klareres Bild davon, was ein Leben mit Christus ausmacht und dass es nur von zwei Dingen abhängt: vom Glauben und vom Gebet.

Einen Augenblick lang war ich erschüttert. Ich fiel auf meine Knie, und während ich mich vor meinem Herrn beugte, durchzogen mich Gedanken voller Hoffnung und Sehnsucht! Gott forderte mich auf zum Gebet. Aber zu meiner Schande muss ich gestehen: Ich schob es beiseite und achtete nicht weiter darauf.

An welchem Punkt hatte ich versagt? Ich betete zwar von da an etwas mehr als zuvor, aber mehr schien sich nicht zu ändern. Warum? War es deshalb, weil ich nicht verstand, wie sehr die Effektivität meiner Gebete von meinem inneren geistlichen Zustand abhängt? War es deshalb, weil ich nicht bereit war, mein Leben nach Gottes Norm der »vollkommenen Liebe« auszurichten, wie sie uns im dreizehnten Kapitel des ersten Korintherbriefes beschrieben wird?

Denn uns sollte klar sein, dass beten nicht einfach bedeutet, gute Vorsätze »betend« in die Tat umzusetzen. Bevor wir recht beten können, ist es nötig, wie David zu rufen: *»Erschaffe mir ein reines Herz, o Gott.«* [1] Die vom Geist eingegebenen Worte des Apostels der Liebe müssen heute noch genauso beachtet werden: *»Ihr Lieben, wenn uns unser Herz nicht verurteilt, so können wir uns voller Zuversicht an Gott wenden, und was wir (dann) bitten, werden wir von ihm empfangen.«* [2]

Es ist wahr – und ich glaube es. Ja, es ist wirklich eine unbegrenzte Verheißung, aber wie wenig verwirklichen wir sie, wie wenig erwarten wir von Christus! Lassen wir es zu, dass unser Herr sich »wundert« über unseren Unglauben? Wäre es uns nur möglich, wenigstens die Evangelien zum ersten Mal zu lesen; wie erstaunt wären wir dann über das, was wir da lesen! Sollten nicht eigentlich *wir* diejenigen sein, die »staunen« und sich »wundern«?

Heute gebe ich diesen Aufruf an dich weiter. Wirst du

---

1 - Psalm 51,12 NGÜ

2 - 1. Johannes 3,21-22 eÜ

aufhören oder wird er auf taube Ohren stoßen und dich gebetslos zurücklassen?

Lasst uns aufwachen! Der Teufel blendet uns. Sein Ziel ist es, zu verhindern, dass wir uns mit der Frage des Gebets auseinandersetzen. Diese Zeilen schreibe ich auf eine besondere Bitte hin. Aber diese Bitte kam schon vor vielen Monaten. Jeder Versuch, mit dem Schreiben zu beginnen, wurde erschwert, und selbst jetzt bemerke ich einen seltsamen Widerstand, es zu tun. Irgendeine geheimnisvolle Macht scheint mich davon abbringen zu wollen. Sind wir uns darüber im Klaren, dass der Teufel nichts so sehr fürchtet wie das Gebet? Sein größtes Ziel ist es, uns vom Gebet und so von der Gemeinschaft mit Gott abzuhalten. Er lässt uns ruhig bis zum Hals in der Arbeit stecken, – wenn wir nur nicht beten. Er fürchtet sich nicht vor unserem eifrigen und ernsthaften Bibelstudium – vorausgesetzt, wir beten dabei nicht. Jemand hat sehr weise gesagt: »Satan lacht über unser Abmühen, er spottet über unsere Weisheit, aber er zittert, wenn wir beten.« All das ist uns so vertraut – aber beten wir wirklich? Wenn nicht, dann wird sich unsere geistliche Katastrophe schon sehr bald anbahnen, ganz gleich, welche scheinbaren Erfolge wir auch vorzuweisen haben.

Lasst uns nie vergessen, dass das größte und mächtigste Mittel, das Gott uns gegeben hat, das Gebet ist. Denn wir können durch Gebet viel mehr erreichen als durch Arbeit. Das Gebet ist allmächtig, denn es vermag alles, was Gott tun kann. Wenn wir beten, wirkt Gott. Jede Fruchtbarkeit im Dienst ist die Folge des Gebets – entweder des Arbeiters persönlich oder derer, die für ihn bitten. Wir alle wissen, wie man betet, und doch haben viele von uns es nötig, wie die Jünger zu bitten: *»Herr, lehre uns beten.«*

❁ 2. ❁

SCHIER UNGLAUBLICHE VERHEISSUNGEN

Wenn wir eines Tages mit Christus in der Herrlichkeit stehen und auf unser Leben zurückschauen werden, dann werden wir sicher sehr verwundert über die vielen Momente der Gebetslosigkeit sein. Ich fürchte, wir werden fast außer uns sein vor Verwunderung darüber, dass wir so wenig Zeit in der Fürbitte verbracht haben. Dann werden wir diejenigen sein, die sich »wundern«.

Während des letzten Gesprächs unseres Herrn mit seinen Jüngern, unmittelbar vor dem wundervollsten aller Gebete, streckte der Herr wieder und wieder sein königliches Zepter aus, und es ist fast so, als würde er sagen: »Worum bittet ihr? Ich möchte es euch schenken und sei es mein ganzes Reich!«

Glauben wir daran? Wir müssen es tun, wenn wir Gottes Wort ernst nehmen. Wir sollten uns einmal die Zeit nehmen und still und nachdenklich eine der Verheißungen Jesu durchlesen, die er so oft wiederholt! Würden wir sie zum ersten Mal lesen, so würde uns vermutlich der Mund vor Erstaunen offen stehen bleiben, denn diese Verheißungen sind schier unglaublich. Kämen sie von den Lippen irgendeines gewöhnlichen Menschen, dann wären sie völlig unglaubwürdig. Aber es ist der König und Schöpfer des Himmels und der Erde, der sie uns zuspricht, und er spricht sie im denkwürdigsten Augenblick seines Lebens – am Vorabend seines Leidens und Sterbens – aus! Es ist seine Abschiedsbotschaft an alle, die durch den Glauben zu ihm gehören. Also hört hin, was er uns zu sagen hat:

»Ich versichere euch: Wer an mich glaubt, wird die Dinge, die ich tue, auch tun; ja er wird sogar noch größere Dinge tun. Denn ich gehe zum Vater, und alles, worum ihr dann in meinem Namen bittet, werde ich tun, damit durch den Sohn die Herrlichkeit des Vaters offenbart wird.« [1]

Können Worte noch deutlicher und klarer sein als diese? Könnte irgendeine Zusage größer oder wichtiger sein? Hat jemand irgendwo oder zu irgendeiner Zeit mehr anbieten können als das?

Wie bewegt müssen die Jünger gewesen sein. Sie konnten ihren Ohren sicherlich kaum trauen. Aber diese Verheißung gilt ihnen genauso, wie dir und mir!

Und, damit kein Zweifel aufkommen konnte, weder bei ihnen noch bei uns, wiederholte der Herr diese Verheißung einige Augenblicke später noch einmal:

»Wenn ihr in mir bleibt und meine Worte in euch bleiben, könnt ihr bitten, um was ihr wollt: Eure Bitte wird erfüllt werden. Dadurch, dass ihr reiche Frucht tragt und euch als meine Jünger erweist, wird die Herrlichkeit meines Vaters offenbart.« [2]

Diese Worte haben einen so großen Wert und sind so bedeutungsvoll, dass Jesus sich nicht einmal damit begnügt, sie dreimal zu wiederholen, er ermahnt seine Jünger sogar eindringlich, seinem Befehl »zu bitten« gehorsam zu sein. Er weist sie darauf hin, dass ein Kennzeichen »seiner Freunde« der uneingeschränkte Gehorsam gegen seine Gebote ist. [3] Dann wiederholt er nochmals sein Anliegen:

»Nicht ihr habt mich erwählt, sondern ich habe euch erwählt: Ich habe euch dazu bestimmt, zu gehen und Frucht zu tragen – Frucht, die Bestand hat. Wenn ihr den Vater in meinem Namen um etwas bittet, wird er es euch geben, was

---

1 - Johannes 14,12-13 NGÜ
2 - Johannes 15,7-8 NGÜ
3 - vgl. V. 14

immer es auch sei« [1]

Man sollte meinen, der Herr hätte es nun deutlich genug gemacht, dass er das Gebet seiner Jünger wünscht und sie ohne Gebet nichts ausrichten werden. Aber zu unserer großen Überraschung kehrt er noch einmal zu demselben Thema zurück, indem er das Vorhergesagte fast wörtlich wiederholt.

»Und an jenem Tag werdet ihr mich nichts fragen. Wahrlich, wahrlich, ich sage euch: Was auch immer ihr den Vater bitten werdet in meinem Namen, er wird es euch geben! Bis jetzt habt ihr nichts in meinem Namen gebeten; bittet, so werdet ihr empfangen, damit eure Freude völlig wird! « [2]

Nie zuvor hat unser Herr solchen Nachdruck auf eine Verheißung oder ein Gebot gelegt – nie! Diese wirklich wunderbare Verheißung wird uns ganze sechsmal gegeben. Sechsmal befiehlt uns unser Heiland, fast im gleichen Atemzug, zu bitten, um was wir wollen. Dies ist die größte und wundervollste Verheißung, die je den Menschen gegeben wurde. Jedoch die meisten von denen, an die sie gerichtet ist, schenken ihr kaum Beachtung. Kann das wirklich sein?

Die riesige Bedeutung dieser Verheißung ist schlicht überwältigend. Aber wir wissen, dass er *»unendlich viel mehr zu tun vermag, als wir erbitten oder begreifen können.«* [3] Die letzte Ermahnung aber, die unser Herr uns gibt, bevor er verhaftet, gefesselt und geschlagen wird, bevor seine gütigen Lippen am Kreuz zum Schweigen gebracht werden, lautet:

»An jenem Tag werdet ihr in meinem Namen bitten, ... denn er selbst, der Vater, hat euch lieb, weil ihr mich liebt und

1 - *Johannes 15,16 NGÜ*
2 - *Johannes 16,23-24*
3 - *Epheser 3,20 NGÜ*

glaubt, dass ich von Gott ausgegangen bin.« [1]

Wir verbringen häufig viel Zeit damit, die sieben Worte Jesu am Kreuz zu betrachten. Sicher ist es gut, dass wir das tun. Aber haben wir je eine Stunde damit zugebracht, über diese siebenfache Einladung unseres Erlösers zum Gebet nachzudenken?

Heute sitzt er auf dem Thron seiner Majestät in der Höhe, und er streckt das Zepter seiner Macht nach uns aus. Werden wir es berühren und ihm unsere Bitten sagen? Er drängt uns dazu, von seinen Gütern Besitz zu ergreifen. Er hat uns das Gebet geschenkt, dass er uns *»nach dem Reichtum seiner Herrlichkeit gebe, durch seinen Geist mit Kraft gestärkt zu werden im Hinblick auf den inneren Menschen.«* [2] Er lehrt uns, dass unsere Stärke und Fruchtbarkeit allein von ihm abhängt und das Gebet die Verbindung zu ihm ist. Er erinnert uns auch daran, dass wahre Freude sehr eng mit dem erhörten Gebet verbunden ist. [3]

Und doch lassen wir es zu, dass wir das Gebet vernachlässigen. Wir scheinen zu glauben, dass wir durch eigene Anstrengungen mehr fertigbringen als durch das Gebet – durch unseren Umgang mit Menschen mehr als durch unsere Fürbitte bei Gott. Es übersteigt meinen Verstand, dass der siebenfachen Einladung, Aufforderung und Verheißung unseres Herrn so wenig Aufmerksamkeit geschenkt wird! Wie können wir es wagen, für Christus zu arbeiten, ohne täglich auf unseren Knien zu sein?

Vor Kurzem schrieb mir ein Freund und Mitarbeiter am Reich Gottes, der Leiter einer Sonntagsschule ist, er hätte in seinem ganzen Leben noch keine Gebetserhörung erlebt! Ich frage mich, warum das so ist! Etwa deshalb, weil Gott ein Lügner oder nicht vertrauenswürdig wäre? Gelten

---

1 - *Johannes 16,26-27*
2 - *Epheser 3,16*
3 - *vgl. Johannes 16,24*

seine Verheißungen etwa nichts? Meint er das, was er sagt, nicht ernst? Ich befürchte, dass viele Christen dasselbe über ihr Leben sagen würden.

Edward Payson[1] hatte recht und es ist absolut biblisch, als er sagte: »Wenn wir viel für Gott tun wollen, müssen wir viel von Gott erbitten: Wir müssen Menschen des Gebets sein.«

Wenn unsere Gebete nicht erhört werden – d. h., wenn Gott sie hört, aber nicht erfüllt –, so liegt es an uns und nicht an Gott. Gott ist gerne bereit, unsere Gebete zu erhören, und er hat sein Wort gegeben, dies auch zu tun, *wenn sie in seinem Willen geschehen*!

Liebe Geschwister, es ist ganz offensichtlich, dass unser Herr von uns erwartet, dass wir ihn bitten, und dass wir viel von ihm erbitten. Er sagt uns, dass wir ihn auf diese Weise ehren. Keines unserer Anliegen liegt außerhalb der Reichweite Gottes. Wichtig ist aber, dass sie nicht außerhalb seines Willens sind – denn Gott wird sich nicht über seinen Willen hinwegsetzen.

Niemand von uns wird es wagen, zu behaupten, dass auf Gottes Worte kein Verlass wäre. Auf die eine oder andere Weise scheinen wir Christen ihm wirklich zu vertrauen. Aber was hält uns dann zurück? Was verschließt uns die Lippen? Was hindert uns daran, dass wir nicht viel mehr Mühe ins Gebet legen?

Zweifelst du etwa an seiner Liebe? Dann denke daran, dass er sein Leben an unserer Stelle opferte, um dich und mich zu retten!

Zweifelst du an der Liebe des Vaters? Jesus selbst hat uns versichert: *»Er selbst, der Vater, hat euch lieb«*[2], als er seine Jünger zum Gebet mahnte.

---

1 - Bekannter amerikanischer Prediger des frühen 19. Jahrhunderts.
2 - Johannes 16,27

Zweifelst du an seiner Souveränität? Nun hat er nicht auch gesagt: »*Mir ist gegeben alle Gewalt im Himmel und auf Erden. Darum gehet hin ... Und siehe, ich bin bei euch alle Tage, bis an das Ende der Weltzeit?*«[1]

Zweifelst du an seiner Weisheit? Misstraust du der Wirksamkeit seiner Erwählung?

Nein! Denn sonst würdest du seinen Worten misstrauen; denn all das ist in seine Souveränität, in seine Göttlichkeit und in die Sicherheit seiner Verheißungen mit eingeschlossen! Und doch halten so wenige seiner Nachfolger das Gebet für etwas wirklich Wichtiges. Natürlich verneint niemand von ihnen das – aber unsere Taten sprechen lauter als unsere Worte!

Wir sollten uns nicht davor fürchten, Gottes Fürsorge auf die Probe zu stellen. Er fordert uns in seinem Wort sogar auf, das zu tun: »*Bringt euren Zehnten ganz in mein Kornhaus ... prüft mich darin, spricht der Herr Zebaoth, ob ich nicht die Fenster des Himmels öffnen werde und meinen Segen in Fülle auf euch herab schütte.*«[2]

Wenn immer Gott uns eine Verheißung gibt, sollten wir mit Paulus mutig sagen: »*Ich vertraue Gott*«[3], und sollten darauf vertrauen, dass er sein Wort hält.

Werden wir von heute an Menschen des Gebets sein, falls wir es bisher noch nicht gewesen sind? Wir sollten dies nicht hinauszögern. Gott möchte, dass ich bete. Jesus erwartet mein Gebet. Sehr viel – ja, eigentlich alles – hängt vom Gebet ab. Wie können wir uns da noch vor dem Gebet scheuen? Wir sollten uns aufrichtig die Frage stellen: »Wenn die Errettung von Menschen voll und ganz von meinen Gebeten abhängig wäre, wie viele Menschen würden dann gerettet werden?«

---

1 - Matthäus 28,18-20
2 - Maleachi 3,10 eÜ
3 - Apostelgeschichte 27,25b

Verbringen wir täglich zehn Minuten im Gebet? Ist es uns dafür wichtig genug? Zehn Minuten? Das scheint mir ein sehr geringer Teil unserer Zeit zu sein, wenn es darum geht, den Allmächtigen um etwas so Wichtiges, wie die ewige Errettung von Sündern, zu bitten.

Und ist das wahres Beten, wenn wir unsere Gebete einfach nur dahersagen, oder indem wir auswendig Gelerntes einfach wiederholen, sodass es praktisch bedeutungslos geworden ist, während unsere Gedanken irgendwohin wandern?

Wenn Gott die Worte erhören würde, die wir jeden Morgen auf unseren Knien wiederholen, würden wir es wirklich bemerken? Würden wir seine Antwort erkennen? Würden wir uns überhaupt daran erinnern, was wir gebetet haben? Gott antwortet! Er hat uns sein Wort darauf gegeben, und er beantwortet jedes wirkliche Gebet, das im Glauben gesprochen wird!

Wir werden in einem späteren Kapitel sehen, was die Bibel zu diesem Punkt zu sagen hat. Zunächst lasst uns einmal über den Umfang der Zeit nachdenken, die wir im Gebet verbringen. »Wie oft beten Sie?«, wurde einmal eine gläubige Frau gefragt. »Dreimal täglich und während des ganzen Tages«, war die spontane Antwort. Aber wie viele tun es ihr gleich? Ist das Gebet für mich nur eine Pflicht oder ein Vorrecht, ein Vergnügen, etwas, über das ich mich wirklich freue und das ich für absolut unverzichtbar halte?

Es ist mein Wunsch, dass Christus uns einen neuen Blick in seine Herrlichkeit gewährt, uns neue Einsicht in den großen »Reichtum seiner Herrlichkeit« gibt, den er uns zur Verfügung stellt, und in die ganze Größe seiner Kraft, die ihm gegeben ist. Dann werden wir einen neuen Blick für die Welt und all ihre Nöte gewinnen. Nie zuvor hatte die Welt mehr Not als heute!

Das Erstaunliche ist nicht, dass wir so wenig beten, sondern dass wir wieder von unseren Knien aufstehen können, wenn wir unsere eigene Not bedenken, dazu die unserer Familien und Freunde, die Not unserer Prediger und Kirchen, die Not unserer Stadt, unseres Nachbarn, unseres Landes und die der heidnischen und muslimischen Welt! Allen diese Nöte können durch den Reichtum Gottes in Jesus Christus besiegt werden. Paulus hatte daran keine Zweifel – warum dann wir? *»Mein Gott aber wird allen euren Mangel ausfüllen nach seinem Reichtum in Herrlichkeit in Christus Jesus.«* [1]

So groß ist die Wichtigkeit des Gebets, dass Gott Vorsorge getroffen hat, allen unseren Entschuldigungen und Einwänden, die wir gerne machen würden, zuvorzukommen. Die Menschen verteidigen ihre Schwäche und Kraftlosigkeit – oder sie erklären, dass sie nicht wüssten, wie man betet, doch Gott sah diese Unfähigkeit lange voraus. Ist es nicht sein Wort, das sagt: *»Und auch der Geist Gottes tritt mit unaussprechlichem Seufzen für uns ein. Auf diese Weise kommt er uns in unserer Schwachheit zu Hilfe, weil wir ja gar nicht wissen, wie wir beten sollen, um richtig zu beten. Und Gott, der die Herzen erforscht, weiß, was der Geist will; denn der Geist tritt für die Heiligen so ein, wie es vor Gott richtig ist.«* [2]

Ja, Gott hat jede nötige Vorsorge für uns getroffen, aber nur der Heilige Geist kann uns in angemessener Weise vor Gott vertreten. Wenn wir uns unter die Führung des Geistes beugen, werden wir ganz sicher dem Beispiel der Apostel folgen, die *»beständig und einmütig im Gebet und Flehen«* [3] blieben und sich *»ganz auf das Gebet«* konzentrierten.[4]

---

1 - *Philipper 4,19*
2 - *Römer 8,26-27 eÜ*
3 - *Apostelgeschichte 1,14 eÜ*
4 - *Apostelgeschichte 6,4 eÜ*

Folgendem dürfen wir völlig sicher sein: Der Einfluss eines Menschen in der Welt kann nicht gemessen werden an seiner Beredsamkeit, seiner Rechtgläubigkeit oder seiner Energie, sondern an seinen Gebeten. Ja, wir können noch weitergehen und behaupten, dass ein Mensch erst dann recht leben kann, wenn er recht betet. Wir können von morgens bis abends für Gott arbeiten; wir können viel Zeit mit dem Bibelstudium verbringen; wir können all das sehr ernst meinen und auch in unserem persönlichen Verhalten andere von uns überzeugen, aber nichts von alledem wird wirklich viel ausrichten, wenn wir nicht auch viel beten. Andernfalls werden es nur scheinbare gute, aber doch tote Werke sein. Christus hat uns aber erwählt, *»damit ihr des Herrn würdig wandelt und ihm in allem wohlgefällig seid: in jedem guten Werk fruchtbar und in der Erkenntnis Gottes wachsend.«* [1]

Wer wenig Kontakt mit Gott im Gebet hat, wird auch wenig Frucht von Gott in seinem Dienst erleben. Viel Gebet im Verborgenen bedeutet viel Kraft in der Öffentlichkeit. Leider ist es heute allgemein so, dass, während unsere Organisationen fast vollkommen geworden sind, unser Ringen im Gebet beinahe ganz verloren gegangen ist!

Man wundert sich, warum keine Erweckung kommt. Doch alle bisherigen Erweckungen waren ein Geschenk der Gnade Gottes als Antwort auf die Gebete seiner Kinder. Viele sehnen sich nach der Stimme eines Erzengels, aber was würde das helfen, wenn selbst die Stimme Christi uns nicht zum Beten bringt? Ist es nicht geradezu eine Frechheit, das Gebet nicht oder kaum zu nutzen, obwohl unser Heiland uns solche großartigen Verheißungen in Bezug auf das Gebet gegeben hat? Es muss sich etwas Schwerwiegendes in unseren Gemeinden ändern, und ich bin davon überzeugt, dass der Heilige Geist allein die Macht

---

1 - Kolosser 1,10

hat, Menschen an Christi Worte zu erinnern und ihnen das Vertrauen in die Macht des Gebets zu erwecken. Eigene Worte können niemandem von dem Wert, der Notwendigkeit und Allmacht des Gebetes überzeugen.

Während ich dies schreibe, bitte ich Gott, dass er durch seinen Heiligen Geist Männer und Frauen von ihrer Sünde der Gebetslosigkeit überführt und sie auf ihre Knie treibt, damit sie Tag und Nacht in brennender, gläubiger und überwindender Fürbitte zu Gott rufen!

Christus, der über alle Maßen erhöhte Herr, macht uns Mut, auf unsere Knie zu fallen und die Reichtümer seiner Gnade in Anspruch zu nehmen.

Niemand kann einem anderen vorschreiben, wie viel Zeit er im Gebet verbringen sollte und schon gar nicht darf ein Mensch einen anderen zwingen, ein Gelübde abzulegen, soundsoviel Minuten oder Stunden am Tag zu beten. Natürlich ist das Gebot der Bibel, *»ohne Unterlass«* [1] zu beten. Das ist sicherlich die richtige Gebetshaltung für das gesamte Leben!

Aber wir sprechen hier von bestimmten Gebetshandlungen. Hast du jemals die Dauer deiner Gebetszeit festgestellt? Ich glaube, die meisten wären erstaunt und beschämt, wenn sie sich in diesem Punkt einmal selbst kontrollieren würden.

Vor einigen Jahren tauchte für mich diese Frage auf. Ich spürte, dass für mich eine Stunde die Mindestzeit wäre, die ich im Gebet zubringen sollte. Also führte ich jeden Tag sorgfältig Buch über mein Gebetsleben. Nach einiger Zeit traf ich einen Bruder, von dem ich wusste, dass er ein sehr gottesfürchtiger und nützlicher Mann im Reich Gottes war. Auf meine Frage, worauf er es hauptsächlich zurückführe, dass Gott ihn so häufig zu seiner Ehre gebraucht hatte, antwortete dieser Mann ruhig: »Nun, ich könnte ohne

---

1 - 1. Thessalonicher 5,17

zwei Stunden des täglichen persönlichen Gebets gar nichts tun.« Einige Zeit später begegnete mir ein Missionar aus Übersee, der mir sehr bescheiden von den wunderbaren Dingen berichtete, die Gott durch seinen Dienst getan hatte. (Man konnte aus allem spüren, wie er Gott allein allen Ruhm und alle Ehre gab.) »Oftmals finde ich es notwendig, vier Stunden am Tag im Gebet zu verbringen«, sagte der Missionar.

Wir erinnern uns, dass der größte aller Missionare manchmal ganze Nächte im Gebet zuzubringen pflegte. Warum? Nun, unser Herr betete nicht einfach nur, um uns ein Vorbild zu sein – er tat nie etwas bloß als Beispiel –, er betete, weil selbst er das Gebet, die Gemeinschaft mit seinem Vater, brauchte. Für ihn, als vollkommenen Menschen, war das Gebet eine Notwendigkeit. Wie viel mehr ist es dann eine Notwendigkeit für dich und mich?

»Vier Stunden am Tag im Gebet?«, rief einmal ein Mann aus, der sein ganzes Leben als Missionsarzt gearbeitet hatte. »Vier Stunden? Gebt mir zehn Minuten, und ich habe genug!« Das war ein ehrliches Bekenntnis – aber leider auch ein trauriges. Wenn allerdings nur einige von uns bereit wären, ebenso ehrlich in Bezug auf ihre Gebetszeit zu sein ...

Es war kein Zufall, dass diese Männer meinen Weg kreuzten. Gott sprach durch sie zu mir. Es war eben auch ein »Aufruf zum Gebet«, von dem *»Gott der Geduld und des Trostes.«* [1] Und während ihr stilles Zeugnis begann, sich in meinem Herzen einzuprägen, da fiel mir ein Buch in die Hände; »durch Zufall«, wie die Leute sagen würden, doch bei Gott gibt es keine Zufälle! Das Buch berichtete kurz und schlicht die Geschichte von John Hyde, auch bekannt als der »betende Hyde«. Wie einst Johannes der Täufer, den Gott gesandt hatte, um den Weg für das erste Kommen

---

1 - Römer 15,5 eÜ

unseres Herrn vorzubereiten, so war auch »John der Beter« ein Werkzeug Gottes, um den Weg für das Wiederkommen unseres Herrn vorzubereiten. Wenn man über dieses wundervolle Gebetsleben John Hydes liest, dann fragt man sich unwillkürlich: »Habe ich je gebetet?« Ich fand heraus, dass auch andere sich diese Frage stellten. Eine Frau, die eigentlich für ihre treue Fürbitte bekannt war, schrieb mir: »Als ich dieses Buch weglegte, fing ich an zu denken, ich hätte mein ganzes Leben lang nie wirklich gebetet!«

An dieser Stelle müssen wir zu unserem Ausgangspunkt zurückkehren und uns die wirklich entscheidende Frage stellen: Werden wir vor Gott auf unsere Knie gehen und seinem Heiligen Geist erlauben, uns durch und durch zu erforschen? Haben wir wirklich das Verlangen, Gottes Willen zu tun? Vertrauen wir auf seine Verheißungen? Wenn ja, wird dies dann nicht bewirken, dass wir mehr Zeit im Gebet vor Gott verbringen werden?

Es geht nicht darum, ein Versprechen abzulegen, »soundsoviel« am Tag zu beten. Es geht um den wirklichen und festen Entschluss, *viel* zu beten. Aber Gebete haben ihren Wert nur dann, wenn sie freiwillig gesprochen werden und nicht aus Zwang!

Wir müssen uns aber auch dessen bewusst sein, dass bloße menschliche Entschlüsse, mehr Zeit für das Gebet zu nutzen und jedes Hindernis des Gebets zu überwinden, sich auf Dauer nicht als wirksam erweisen werden. Die Voraussetzung für Erfolg ist, dass es in der völligen Erkenntnis der eigenen Unfähigkeit und in dem Bewusstsein von Gottes Souveränität geschieht. Solange uns diese beiden Dinge nicht bewusst sind, werden wir niemals Menschen des Gebets werden.

Eines ist sicher: Gott will, dass seine Kinder beten. Die Frage ist nur: Sind wir willig zu beten?

Gnädiger Heiland, regiere uns mit deinem Geist, damit wir »kniende Christen« werden!

Vor Gott all deine Sorgen
In ernstem Fleh'n bring hin;
Bet' heute und auch morgen
Ohn' Unterlass zu IHM!

❁ 3. ❁

»BITTET, SO WIRD EUCH GEGEBEN!«

Gott will, dass seine Kinder beten – ja, er will, dass sie *viel* beten –, weil die Effektivität unserer geistlichen Arbeit davon abhängt, wie sehr wir Gott mit einbeziehen.

Ein Prediger, der wenig betet, kann sicher auch einige Frucht seiner Mühen sehen; aber wenn dem so ist, dann nur deshalb, weil jemand anderes Gott um den nötigen Segen bittet. Die Frucht kommt allein von Gott! Doch er gibt sie, weil er darum gebeten wurde und nicht, weil der Prediger sich so vorbildlich auszudrücken weiß. Wie überrascht werden einige unserer Prediger eines Tages sein, wenn der Herr einem jeden vergelten wird nach seinen Werken. »Herr! Das sind meine Bekehrten! Diese Mission habe ich geleitet, und so viele Menschen wurden durch sie gerettet.« Ach ja, du hast gepredigt, ermahnt, überzeugt; aber hast du auch für das Wichtigste gesorgt, ohne das keine Bekehrung möglich ist? Hast du Gott im Gebet um sein Eingreifen angefleht?

Jede Bekehrung geschieht allein durch das Wirken des Heiligen Geistes. Und meistens, als Antwort auf das Gebet einiger Gläubiger!

O Gott, gib, dass wir keine solchen Überraschungen erleben. O Herr, lehre uns beten!

Stellen wir uns vor, wie Gott ermahnend nach dem Gebet seiner Kinder ruft. Wie würde ich auf seinen Ruf reagieren? Könnte ich wie Paulus sagen: *»Ich bin der* *himmlischen Erscheinung nicht ungehorsam gewesen?«* [1] Ich möchte es noch einmal wiederholen: Wenn wir im Himmel irgendetwas bedauern werden, dann am meisten, dass wir so wenig Zeit im Gebet und in der Fürbitte verbracht haben, solange wir die Möglichkeit dazu hatten.

Stell dir einmal vor, wie groß die Reichweite des Gebets ist! *»Bitte mich, so will ich dir Völker zum Erbe geben und die Enden der Erde zu deinem Eigentum!«* [2] Und doch bemühen sich manche Leute nicht einmal, selbst die Kleinigkeiten ihres Lebens vor Gott zu bringen, und neun von zehn Christen würde es nie einfallen, für die Unerreichten zu beten!

Wir müssten bestürzt sein über die Abneigung vieler Christen gegen das Gebet, die vielleicht daher rührt, dass sie selbst niemals eine wahre Gebetserhörung erfahren, noch davon gehört haben, dass es so etwas gibt.

In diesem Kapitel möchte ich zeigen, dass wir aufgefordert sind, das »Unmögliche« zu tun. Was ist das Unmögliche? Nun, wir müssen zu dem Herzen und Gewissen jedes Christen durchdringen, um ihm die Macht des Gebets eindrücklich bewusst zu machen. Ich bezeichne dies als »unmöglich«, weil mir bewusst ist, dass, wenn ein Christ den Verheißungen und Geboten seines Herrn nicht vertrauen und ihnen nicht gehorsam sein will, es unmöglich ist, zu erwarten, dass ich sie durch bloße menschliche Ermahnungen überzeugen könnte!

Das Einzige, was meine Hoffnung erweckt, ist die Tatsache, dass unser Herr, als er zu seinen Jüngern sprach, sie bat zu glauben, dass er im Vater sei und der Vater in ihm, und er dann hinzufügte: *»Wenn [ihr das] nicht [auf meine bloßen Worte hin glauben könnt], so glaubt mir doch um der*

---

1 - *Apostelgeschichte 26,19 eÜ*
2 - *Psalm 2,8 eÜ*

Werke willen.«[1] Es war, als wollte er sagen: »Wenn meine Person, mein geheiligtes Leben und meine wunderbaren Worte nicht fertigbringen, dass ihr mir vertraut, dann schaut doch auf meine Taten. Sicherlich genügen sie doch, um Glauben zu wecken? Glaubt mir doch um dessentwillen, was ich tue.« Und dann verheißt er weiter, dass sie, wenn sie nur an ihn glauben würden, noch größere Wunder vollbringen würden als er. Gleich nach diesen Aussagen gab er die erste der sechs wundervollen Verheißungen in Bezug auf das Gebet. Und ich sehe den Zusammenhang so, dass Jesus ihnen sagen wollte, dass diese *»größeren Werke«* als eine Frucht des Gebets – also in Abhängigkeit von Gottes Macht – getan werden können.

Sollten wir, als Jesu Jünger, da nicht der Anweisung unseres Meisters folgen? Wenn es uns schon nicht möglich sein sollte, die wunderbaren Verheißungen unseres Herrn in Bezug auf das Gebet zu verstehen und ihnen zu vertrauen, sollten wir dann nicht wenigstens *»um der Werke willen«* glauben? Das heißt, um jener *»größeren Werke«* willen, die Gott auch heute noch durch einige Menschen aufgrund ihrer Gebete bewirkt?

Was ist unser Lebensziel? Sicher wünscht sich jeder von uns, reiche Frucht im Dienst für Gottes Reich hervorzubringen. Uns liegt nichts an hohen Positionen, Ansehen und Macht. Aber wir sehnen uns danach, fruchtbare Diener zu sein. Und um dies zu erreichen, müssen wir viel beten. Gott wird mehr durch unsere Gebete als durch unser Predigen tun. A. J. Gordon[2] sagte einmal: »Du kannst mehr tun als beten, *wenn* du gebetet hast, aber du kannst nie mehr tun als beten, *bevor* du gebetet hast.« Glauben wir das?

---

1 - *Johannes 14,11 (Erklärungen hinzugefügt)*

2 - *Amerikanischer Baptisten-Prediger des späten 19. Jahrhunderts und Mitbegründer des "Gordon-Comwell-Seminary", South Hamilton, Massachusetts.*

Eine Frau aus Indien war niedergeschlagen wegen ihres Versagens in ihrem persönlichen Leben und in ihrer Arbeit. Sie war eine aufopferungsvolle Missionarin, aber ihr Dienst führte zu keiner Bekehrung. Ihr war, als würde Gott sie auffordern, mehr zu beten. Eine Zeit lang widerstand sie dem Antrieb des Heiligen Geistes. »Zuletzt«, sagte sie, »entschloss ich mich, einen großen Teil meiner Zeit nur noch dem Gebet zu widmen. Ich tat es mit Furcht und Zittern, weil ich befürchtete, meine Mitarbeiter würden sich beklagen, dass ich mich vor meiner Arbeit drücke. Aber schon nach wenigen Wochen erlebte ich, wie Männer und Frauen Jesus Christus als ihren Retter annahmen. Bald erlebte das ganze Gebiet eine Erweckung, und selbst die Arbeit der anderen Missionare wurde so sehr gesegnet, wie nie zuvor. Gott tat in sechs Monaten mehr, als mir in sechs Jahren gelungen war. Und«, fügte sie dann hinzu, »niemand machte mir je den Vorwurf, ich hätte meine Pflichten vernachlässigt.«

Eine andere Missionarin in Indien fühlte den gleichen Drang zum Gebet. Sie begann viel mehr Zeit für das Gebet zu verwenden. Zwar begegnete ihr kein Widerstand von außen, aber er kam von innen, aus ihrem eigenen Herzen. Doch sie hielt trotzdem am Gebet fest, und in zwei Jahren erhöhte Gott die Zahl der getauften Bekehrten um das Sechsfache! Schließlich hatte Gott doch verheißen, dass er seine*n »Geist über alles Fleisc*h« ausgießen wird.[1] Wie sehr lassen wir uns von dem Geist, den Gott über uns ausgegossen hat, leiten? Wer durch Gottes Ratschluss, durch das Wirken des Heiligen Geistes, von Neuem geboren und so ein Kind Gottes geworden ist, der *hat* den Geist Gottes in unbegrenzter Fülle.[2] Wenn wir aber nicht bereit sind, Gott zu ehren, indem wir uns Zeit nehmen, um Ihn um Seine

1 - vgl. Joel 3,1; Apostelgeschichte 2
2 - vgl. Johannes 3,34

Gnade zu bitten, dann wird der Geist Gottes sicher auch seine Kraft zurückhalten, und wir werden zu denen gehören, die, wie Paulus sagt, den Geist *»dämpfen«*.[1]

Als ich vor einigen Jahren in Indien war, hatte ich die Freude, etwas von Pandita Ramabais[2] Arbeit kennenzulernen. Sie hatte ein Internat für 1500 Hindu-Mädchen. Eines Tages kamen einige dieser Mädchen mit ihren Bibeln und fragten eine Missionarin, was Lukas 12,49 bedeute: *»Ich bin gekommen, um auf der Erde ein Feuer anzuzünden; ich wünschte, es würde schon brennen!«* Die Missionarin versuchte, sie mit einer ausweichenden Antwort abzuspeisen; sie war selbst nicht ganz sicher, was diese Worte bedeuteten. Aber die Mädchen waren mit dieser Antwort nicht zufrieden und beschlossen, darum zu beten, dass Gott es ihnen offenbare und, falls es etwas Gutes wäre, es ihnen von Gott geschenkt würde. Während sie beteten – und sicher, weil sie beteten – geschah eine Veränderung in ihnen. Gott schenkte ihnen tatsächlich eine brennende Leidenschaft für das Evangelium. Kein Wunder also, dass sie fortfuhren zu beten!

Eine Gruppe dieser Mädchen kam in ein Missionshaus, in dem ich gerade einige Wochen verbrachte. »Dürfen wir hier in Ihrer Stadt bleiben und für Ihre Arbeit beten?«, fragten sie den dort ansässigen Missionar. Der Missionar war zu Beginn über diesen Wunsch nicht wirklich begeistert. Er meinte, sie sollten lieber in ihrer Schule bleiben und nicht im Land »herumstreunen«. Sie aber baten nur um einen Saal oder eine Scheune, wo sie beten könnten; und wir alle wussten um den Wert der Fürbitte für uns. Also wurde ihre Bitte gewährt. Im Verlauf des Abends kam ein

---

1 - *vgl. 1. Thessalonicher 5,19*

2 - *Indische Christin (1858 - 1922). Sie übersetzte die Bibel in die Marathi-Sprache und gründete ein soziales Missionswerk für Witwen, Waisen und Blinde.*

indischer Pastor völlig aufgelöst zu uns herein. Während ihm Tränen über seine Wangen liefen, erklärte er, dass der Heilige Geist ihn von seiner Sünde überführt habe und dass er sich gedrungen fühle, zu kommen und öffentlich sein Unrecht zu bekennen. Dies bewirkte, dass auch andere Christen seinem Beispiel folgten – alle tief erschüttert über ihre Sünden.

Es wurde eine bemerkenswerte Segenszeit. Rückfällige wurden zurechtgebracht, Gläubige geheiligt und Ungläubige wurden errettet – und alles bloß, weil einige Mädchen Gott um seinen Segen gebeten hatten.

Gott sieht nicht die Person an. Wenn jemand bereit ist, sich unter seinen Willen zu beugen, dann wird Gott seine Verheißungen erfüllen. Brennt nicht unser Herz in uns, wenn wir davon hören, wie gnädig, barmherzig und mächtig Gottes ist? Und wir haben Zugang zu dieser souveränen Gnade, wenn wir im Gebet, auf der Grundlage Jesu, zu ihm kommen. Ich weiß, dass es gewisse »Bedingungen« gibt, zu Gott zu kommen. Aber Jesus Christus hat diese Bedingungen an unserer Stelle erfüllt.

Diejenigen unter uns, die nicht das Vorrecht haben, Gott in Indien oder in einem anderen unerreichten Land zu dienen, können trotzdem an dieser Mission teilhaben, indem sie Gott um seinen Segen für die Missionare bitten. Als die Erweckung in Wales auf ihrem Höhepunkt war, schrieb ein walisischer Missionar einen Brief an seine Heimatgemeinde und bat die Leute, darum zu beten, dass Gott etwas Vergleichbares in Indien schenken möge. Tatsächlich kamen kurz darauf die Grubenarbeiter täglich eine Stunde vor Tagesanbruch am Grubeneingang zusammen, um für die Missionare in Indien zu beten. Innerhalb weniger Wochen kam die Botschaft nach Hause: »Gott hat seinen Segen geschenkt!«

Ist es nicht herrlich zu wissen, dass wir durch unsere Gebete Ströme des Segens herabbringen können auf Indien, Afrika oder China? Und ebenso leicht auch auf unsere eigenen kleinen Orte!

Viele von uns werden sich an die wunderbaren Dinge erinnern, die Gott vor einigen Jahren in Korea tat, als Antwort auf die Gebete seiner Kinder: Einige Missionare hatten entschieden, sich jeden Nachmittag zum Gebet zu treffen. Am Ende des Monats schlug ein Bruder vor, die Gebetstreffen aufzugeben, »da sich ja scheinbar nichts ereignet habe«. »Wir können doch jeder für sich zu Hause beten, wie es gerade zeitlich passt!«, sagte er. Die anderen protestierten dagegen; sie waren der Meinung, man sollte gemeinsam und täglich mehr Zeit fürs Gebet aufbringen. Also setzten sie die Gebetsversammlungen vier Monate lang fort. Und plötzlich schüttete Gott seinen Segen aus! In den Gottesdiensten wurden Sünden bekannt, Vergebung wurde ausgesprochen und zuletzt brach eine große Erweckung aus. Während eines der Abendgottesdienste stand der Gemeindeleiter auf und bekannte, dass er 100 Dollar gestohlen habe, als er das Erbe einer Witwe verwaltete. Gleich darauf bekannten auch andere ihre Sünden. Der Gottesdienst konnte erst gegen 2 Uhr morgens beendet werden. Gottes heilende und vergebende Kraft wurde so deutlich spürbar, wie nie zuvor. Nachdem die Gemeinde diesen »Reinigungsprozess« erlebt hatte, führte Gott viele Sünder zur Umkehr.

Viele Außenstehende kamen aus Neugier in die Gottesdienste, andere kamen, um zu spotten, aber auch von ihnen wurden nicht wenige von Ehrfurcht ergriffen und blieben, um zu beten. Unter den »Neugierigen« war ein stadtbekannter Verbrecher und Anführer einer Bande. Auch ihn überführte Gott von seinen Sünden und schenkte ihm die Gnade der Wiedergeburt. Schon am darauffolgenden Tag ging er zur nächsten Polizeistation und zeigte sich selbst an. Der erstaunte Beamte sagte zu ihm: »Sie haben keinen Ankläger, klagen sich aber selbst an? Wir haben kein Gesetz in Korea, um Ihren Fall zu behandeln.« Mit diesen Worten schickte er den jungen Christen wieder weg.

In weniger als zwei Monaten bekehrten sich über 2000 Menschen. Und diese Neubekehrten gingen selbst wieder mit einem Eifer ans Werk, sodass einige von ihnen alles hergaben, was sie hatten, um ein Kirchengebäude zu bauen. Manche von ihnen weinten sogar darüber, dass sie nicht mehr geben konnten. Ich muss wohl nicht hinzufügen, dass sie die Kraft des Gebets erkannt hatten, denn sofort darauf wurde angekündigt, dass man sich jeden Morgen um 4.30 Uhr zu einer Gebetsversammlung treffen wolle, um für dieses Anliegen zu beten. Schon am ersten Tag erschienen lange vor der festgesetzten Stunde 400 Leute, die nicht darauf warten konnten, ihr Anliegen gemeinsam vor Gott zu bringen! In den darauffolgenden Tagen stieg die Zahl der Beter rasch auf 600 an. In Seoul, der Hauptstadt, betrug die durchschnittliche Teilnehmerzahl bei der wöchentlichen Gebetsversammlung 1100 Männer, Frauen und Kinder.

Viele der Ungläubigen kamen, um zu sehen, was geschah. Sie riefen voller Erstaunen: »Der lebendige Gott ist unter euch!« Diese verlorenen Heiden durften etwas sehen, was viele Christen nie erleben würden. Aber hat Jesus nicht auch versprochen: *»Wo zwei oder drei in meinem Namen versammelt sind, da bin ich in ihrer Mitte«*? [1]

Was in Korea möglich ist, kann auch bei uns geschehen. Gott kennt kein »Ansehen« der Person oder Nation. Er verherrlicht sich dadurch, dass er aus freier Gnade seinen Heiligen Geist auf uns ausgießt.

Wenn wir aber hier, in einem sogenannten christlichen Land, wirklich an die Allmacht Gottes und an die Kraft

---

1 - Matthäus 18,20

des Gebets glauben würden, könnten wir dann noch die Gebetsversammlungen vergessen? Hätten wir auch nur ein wenig echtes Interesse an den millionen Menschen, in unserem eigenen Land oder an den Milliarden in anderen Ländern, die ohne Christus verloren gehen, könnten wir dann unsere Gebete wirklich noch hinauszögern? Sicherlich denken wir nicht so weit, sonst würden wir viel mehr beten. *»Bittet, so wird euch gegeben«* [1], sagt der allmächtige, gnädige Gott; und wir achten kaum auf seine Worte!

Ja, wir sollten wirklich einen Blick auf unsere Glaubensgeschwister in anderen Ländern werfen, die aus heidnischem Götzendienst zu Christus bekehrt wurden – wir würden uns zutiefst schämen! Auf meinen Reisen kam ich nach Rawal Pindi in Nordwest-Indien. Dort waren auch einige von Pandita Ramabais Mädchen, um zu zelten. Kurz zuvor hatte Pandita ihren Mädchen gesagt: »Wenn Gott irgendeinen Segen für Indien bereithält, so möchten wir ihn haben. Also lasst uns Gott darum bitten, dass er uns sagt, was wir zu tun haben, um diesen Segen zu erhalten.«

Als sie ihre Bibel las, blieb sie bei dem Vers stehen: *»Und er gebot er ihnen, nicht von Jerusalem zu weichen, sondern die Verheißung des Vaters abzuwarten, die ihr [– so sprach er –] von mir vernommen habt ... Denn ihr werdet Kraft empfangen, wenn der Heilige Geist auf euch gekommen ist.«* [2] Da rief Pandita aus: »Warum haben wir so wenig auf diese Verheißung geachtet? Gott hat uns doch alles Nötige bereits gegeben!« Ihr glaubt nicht, wie sie von diesem Zeitpunkt an beteten! Eine der Gebetsversammlungen dauerte ganze sechs Stunden. Und wie groß war der Segen, den Gott als Antwort auf ihre Gebete schenkte!

In der Zeit, als die Mädchen in Rawal Pindi waren, war eine Missionarin sehr erstaunt, als sie gegen Mitter-

---

1 - Matthäus 7,7

2 - Apostelgeschichte 1,4.8 eÜ

nacht aus ihrem Zelt schaute und in einem der Zelte der Mädchen noch Licht brennen sah, obwohl dies gegen die Regeln verstieß. Sie ging hin, um die Mädchen zu ermahnen, aber stattdessen fand sie das jüngste der zehn Mädchen – ein Kind von 15 Jahren – betend in der Ecke des Zeltes kniend, in der einen Hand eine kleine Kerze und in der anderen eine Liste mit Namen. Sie hatte fünfhundert Namen auf ihrer Liste – fünfhundert von den eintausendfünfhundert Mädchen in Pandita Ramabais Schule. Nach allem, was ich dort erlebte und hörte, wundert es mich nicht mehr, dass Gott seinen Segen überall dort schenkte, wohin diese Mädchen auch gingen und für wen auch immer sie beteten.

Pastor Ding Li Mei hatte elfhundert Studenten auf seiner Liste. Mehrere hundert dieser Studenten hat Gott errettet und eine Menge von ihnen hat er für das Predigtamt berufen.

Ich könnte noch viele erstaunliche und begeisternde Geschichten vom Segen des Gebets hinzuzufügen. Aber das ist nicht nötig. Wichtig ist nur, dass wir eines wissen: Gott ist allmächtig und er will, dass wir beten! Was immer für einen Segen Gott uns in Christus bereithält, wir können ihn haben.

»Gepriesen sei der Gott und Vater unseres Herrn Jesus Christus, der uns gesegnet hat mit jedem geistlichen Segen in den himmlischen [Regionen] in Christus.« [1]

Gottes großes Vorratshaus ist voll von Segnungen. Nur Christus kann dieses Haus öffnen, das Gebet ist der Schlüssel und der Glaube dreht den Schlüssel um und nimmt den Segen in Empfang. Selig sind, die ein reines Herz haben, denn sie werden Gott schauen. Und ihn schauen bedeutet, richtig zu beten.

Wir sind erneut an einem Scheideweg angekommen.

---

1 - Epheser 1,3

Unser ganzes früheres Versagen, unsere Erfolglosigkeit und Unfähigkeit, all unsere bisherige Fruchtlosigkeit, könnten ein für allemal überwunden werden, wenn wir nur dem Gebet den richtigen Platz einräumen würden. Gott ist wahrhaftig ein wunderbarer Gott! Und eines der wunderbarsten Dinge bei ihm ist, dass er eine gute Absicht mit uns hat. Ein Gebet, das im Gottvertrauen und aus gereinigtem Herzen heraus gesprochen wird, bleibt nicht ohne Frucht. Gott hat uns darauf sein Wort gegeben! Viel erstaunlicher ist allerdings die Tatsache, dass die Gläubigen entweder Gottes Wort nicht trauen oder sich nicht die Zeit nehmen, es zu prüfen.

Wenn Christus *alles in allem* ist, wenn er sowohl der Heiland als auch der souveräne Herrscher und König unseres ganzen Lebens ist, dann ist in Wirklichkeit *ER* derjenige, der unsere Gebete spricht. Wir könnten auch mit einem etwas abgeänderten Vers sagen, dass er für immer lebt und *in* uns bittet.[1] Wie viel besser wäre es, wenn sich der Herr Jesus nicht wegen unseres Unglauben, sondern unseres Glauben »wundern« und sagen könnte: *»Wahrlich ... einen so großen Glauben habe ich in Israel nicht gefunden.«*[2]

Ich hatte kurz zuvor John Hyde, den Beter erwähnt, und vielleicht hat der ein oder andere schon mehr über ihn gelesen. Es ist wahr, seine Gebete hatten Kraft und veränderten viele Dinge. Manche Leute erzählten, dass sie erschauderten, wenn John Hyde betete, und ein Strom von Kraft und Liebe kam über sie.

Aber es war nicht John Hyde, von dem diese Kraft ausging, es war Gottes Heiliger Geist, der einen gewöhnlichen Menschen zu Ungewöhnlichem gebrauchte. Können wir also nicht alle zu wahren Betern werden? Vielleicht denkst du: »Nein! John Hyde hatte sicher eine besondere Gabe.«

---

1 - vgl. Hebräer 7,25, wörtl. »Weil er [Jesus] für immer lebt und für sie bittet.«
2 - Matthäus 8,10

Nun, vielleicht; aber wie bekam er diese Gabe? Er war letztlich ein ganz gewöhnlicher Christ, wie du und ich auch und hatte denselben Geist, den Gott nicht nach Maß gibt!

Wusstest du, dass er – menschlich gesprochen – sein Gebetsleben den Gebeten eines Freundes seines Vaters verdankte? Halte diesen Punkt fest. Er ist sehr wichtig und kann dein Leben tief greifend verändern.

Ich möchte an dieser Stelle die ganze Geschichte erzählen, denn es hängt sehr viel von ihr ab. Vielleicht ist es am Besten, wenn ich John Hyde selbst zitiere! Er befand sich an Bord eines Schiffes, das nach Indien segelte, wohin er als Missionar gehen wollte. Er schrieb über diese Zeit:

»Mein Vater hatte einen Freund, der den tiefen Wunsch hegte, als Übersee-Missionar zu dienen, aber er erhielt dazu keine Erlaubnis. Dieser Freund schrieb mir einen Brief auf das Schiff. Ich erhielt ihn einige Stunden, nachdem wir den New Yorker Hafen verlassen hatten. Er enthielt nicht viele Worte, aber sein Inhalt war kurz folgender: ›Lieber John! Ich werde nicht aufhören, für dich zu beten, bis du von der Kraft des Heiligen Geistes in dir überzeugt bist.‹ Als ich den Brief gelesen hatte, knüllte ich ihn voll Ärger zusammen und warf ihn aufs Deck. Glaubte denn der Freund, dass ich den Heiligen Geist noch nicht erhalten hätte? Oder dass ich dächte, man könne auf eigene Faust und ohne Gottes Beistand als Missionar nach Indien gehen? Ich war ärgerlich. Aber nach und nach gewann eine bessere Einsicht die Oberhand. Ich hob den Brief auf und las ihn nochmals. Möglicherweise war mein Vertrauen in Gottes Macht doch nicht so stark, wie ich dachte. Ich lief auf dem Deck hin und her. In mir wütete ein Kampf. Ich fühlte mich unbehaglich, liebte ich doch den Schreiber und wusste um das gottesfürchtige Leben, das er führte. Tief in meinem Herzen war ich überzeugt, dass er recht hatte und dass ich als Missionar nicht tauglich sein würde ... Das ging zwei bis drei Tage so weiter, bis ich mich ganz elend fühlte. Zuletzt bat ich in einer Art Verzweiflung den Herrn, mir doch alle Zweifel zu nehmen und mich mit der Gewissheit seines Beistandes und des Heiligen Geistes zu erfüllen; und in dem Augenblick, als ich dies tat, fing ich an, mich selbst zu erkennen und welch selbstsüchtigen Ehrgeiz ich zuvor gehabt hatte.«

Den erbetenen Segen erhielt er aber noch nicht. Nachdem er in Indien angekommen war, besuchte er mit einem anderen Missionar eine Freiversammlung. »Der Missionar predigte auf einer Sprache, die ich nicht verstehen konnte«, erzählt John Hyde, »doch, wie man mir sagte, sprach er über Jesus Christus als den einzigen Retter von Sünden. Nachdem er seine Predigt beendet hatte, fragte ein Mann, der gut Englisch sprach, den Missionar, ob er selbst so errettet worden sei. Die Frage traf mich tief, denn ich wusste, wenn sie an mich gerichtet worden wäre, hätte ich sie nicht richtig beantworten können. Ich wusste, dass noch einiges an Sünde in meinem Leben war, das ich nicht bereit war aufzugeben. Ich stellte mir vor, welche Unehre es Jesus machen würde, wenn ich bekennen müsste, dass ich einen Heiland verkündigte, den ich nicht voll in Anspruch nahm, obwohl ich anderen erklärte, dass er ein vollkommener Erlöser sei.

Ich ging also in mein Zimmer zurück und schloss mich ein. Dann erklärte ich dem Herrn, dass es für mich nur zwei Möglichkeiten gäbe: entweder müsse er mir den Sieg über meine Sünden geben – besonders über die Sünden, die ich leichtfertig beging – oder ich müsse nach Amerika zurückkehren und mir eine andere Arbeit suchen. Ich sagte, dass ich nicht aufstehen werde, um das Evangelium zu predigen, bevor ich nicht seine Kraft in meinem eigenen Leben bezeugen könne. Ich erkannte, wie vernünftig das sei, und der Herr gab mir die innere Gewissheit, dass er fähig und bereit sei, mich von allen Sünden zu befreien. Er befreite mich tatsächlich, und ich habe bis heute keinen Zweifel daran gehabt.«

Von da an wurde aus John Hyde der betende Hyde. Nur durch diese Erkenntnis Christi, als dem vollkommenen Erlöser, und durch die Befreiung von der Macht der Sünde in unserem Leben können auch du und ich zu Menschen werden, die man als Beter kennt. Der Punkt, den ich nachdrücklich betonen möchte, habe ich aber bisher noch nicht erwähnt. Ein uns unbekannter Mann betete für John Hyde, noch bevor dieser durch seinen Missions- und Gebetsdienst bekannt wurde. Das Gebet dieses Mannes bescherte Hyde solchen Segen, dass er als der »betende Hyde« bekannt wurde. Bist du, lieber Leser, vielleicht noch der Ansicht, dass du niemals ein wahrer Beter sein wirst? Sicher, nicht jeder kann so viel Zeit fürs Beten verwenden. Es gibt vieles, was uns darin einschränken kann, ein lang andauerndes Gebet zu sprechen. Aber wir alle – also jeder, der wirklich durch Christus erlöst ist – haben den Geist des Gebets in uns wohnen und haben somit die Möglichkeit das zu tun, was dieser unbekannte Freund für John Hyde tat!

Wir sollten uns daran machen, Gott um seinen Segen für andere zu bitten – für unseren Pfarrer oder Pastor, unseren Freund oder unsere Familie! Welch großartige Dinge könnte Gott bewirken, wenn wir uns ihm ganz in den Dienst des Gebets stellen würden! Doch wir sollen *»den Herrn aus reinem Herzen anrufen«,* [1] nur dann können wir voller Vertrauen vor Gott treten ohne dass uns unser Gewissen anklagt.

Erkennst du nun, warum Gott will, dass wir beten? Erkennst du, dass Gott uns das Gebet gab, damit wir ihn ehren, indem wir uns der ständigen Abhängigkeit von ihm bewusst sind?

---

1 - 2. Timotheus 2,22c

Es kann sein, ja ganz sicher wird es jeder von uns erleben, dass Gott unsere Gebete nicht so beantwortet, wie wir es gerne hätten. Das kann verschiedene Gründe haben. Es kann sein, dass wir ihn bitten und er gibt nicht, worum wir ihn bitten, weil er will, dass wir unser Herz und unsere Motivation hinterfragen. Wir selbst sollen erkennen, ob wir etwas zu bereinigen haben oder ob vielleicht das, worum wir bitten, überhaupt gut für uns ist. Sicher kann Gott auch unsere Gebete »überhören«, weil er etwas Besseres für uns bereithält. Dennoch ist Gottes Verheißung unmissverständlich: *»Wenn ihr etwas bitten werdet in meinem Namen, so werde ich es tun!«* [1]

Wer betet, stellt nicht Gott, sondern sein eigenes geistliches Leben auf die Probe!

Lass mich dir näher kommen,
Herr, näher Tag für Tag;
Dir trauen, unbenommen,
Was immer kommen mag!

1 - *Johannes 14,14*

❁ 4. ❁

DIE FRAGE NACH ZEICHEN

»Erhört Gott wirklich Gebet?« Das ist eine Frage, die uns Menschen oft auf den Lippen und noch öfter in unseren Herzen brennt. »Hat das Gebet wirklich einen Wert?« Auf die eine oder andere Weise können wir das Gebet nicht umgehen; selbst jeder »Heide« ruft irgendjemanden oder irgendetwas an, um in Zeiten der Gefahr, des Unglücks oder der Not Hilfe zu erhalten.

Aber diejenigen unter uns, die wirklich an die Kraft des wahren und lebendigen Gottes glauben, werden bald einer anderen Frage gegenüberstehen: »Ist es mir überhaupt erlaubt, Gott auf diese Weise auf die Probe zu stellen?« Darüber hinaus wird uns auch noch ein anderer Gedanke durch den Kopf gehen: »Wage ich es, Gott auf die Probe zu stellen?« Denn es besteht kaum ein Zweifel daran, dass Versagen im Gebetsleben oft – oder vielleicht auch immer? – auf ein Versagen im geistlichen Leben zurückzuführen ist. Wie viele Christen vertrauen bei ihrem Gebet nicht darauf, dass Gott es erhören wird und vergessen dabei, dass das Gebet ohne Glauben weder Wert noch Wirksamkeit besitzt.

Um Zeichen bitten? Gott auf die Probe stellen? Nun, in erster Linie wäre dies eine Prüfung unseres eigenen Glaubens an Gott! Unsere Haltung zum Gebet ist ein Prüfstein unserer Beziehung zu Gott. Gott erhört Gebet, gibt unserem Gebet Wert und wünscht sich, dass wir beten. Wenn wir es aber versäumen, zu beten, so liegt die Schuld ganz allein bei uns. Aber Vorsicht! Ich bin nicht der Meinung, dass ein Christ, der eng mit Christus lebt und ein brennendes Gebetsleben führt, auch immer empfängt, um was er gerade bittet! Dennoch sagt die Bibel uns klar und deutlich, dass es uns erlaubt ist, Gott um etwas zu bitten und ihn somit auf die Probe zu stellen. Das Beispiel Gideons im Alten Testament genügt, um zu zeigen, dass Gott unserer Schwachheit entgegenkommt, selbst dann, wenn wir in Bezug auf seine Zusagen schwanken. Das ist ein sehr großer Trost für uns.

Gideon sagte zu Gott: *»Wenn du Israel durch meine Hand retten willst, wie du gesagt hast, siehe, so will ich ein Wollvließ auf die Tenne legen. Wenn der Tau nur auf dem Vließ sein, der ganze Boden ringsum aber trocken bleiben wird, so werde ich erkennen, dass du Israel durch meine Hand erretten wirst, wie du gesagt hast.«* [1] Doch obwohl am nächsten Morgen eine ganze Schüssel voll Wasser im Fell war, genügte dies Gideon noch nicht! Er wagte es, Gott ein zweites Mal zu bitten, dass das Fell in der folgenden Nacht trocken sein sollte statt nass. *»Und Gott machte es so in jener Nacht.«* [2]

Ist es nicht wunderbar, dass der allmächtige Gott das tut, worum ihn ein ängstlicher Mensch bittet? Wir halten den Atem an und stehen still voller Staunen und begreifen kaum, was uns mehr überrascht – das Wagnis Gideons oder die liebevolle Gnade Gottes!

Ich denke, dass mehr in dieser Geschichte liegt, als das, was wir auf den ersten Blick entdecken können. Vermutlich dachte Gideon, dass das Fell ihn selbst – Gideon – darstelle. Und Gideons Frage ist, ob Gott ihn tatsächlich mit seinem Geist erfüllen würde oder nicht. Wenn ja, dann wäre die Rettung ganz sicher! Aber als er das Fell auswrang, begann er sich mit der getränkten Wolle zu vergleichen. »Wie unähnlich bin ich diesem Fell! Gott hat

---

1 - Richter 6,36-37
2 - Richter 6,40a

uns Erlösung verheißen, aber ich fühle nicht, dass Gott mich mit seinem Heiligen Geist erfüllt hat. Gott scheint mir seine mächtige Kraft noch nicht gegeben zu haben. Bin ich wirklich für diese große Heldentat ausgerüstet?« Die Antwort ist ganz klar: nein! Doch dann erkennt Gideon: »Nicht ich bin der Retter, sondern Gott ist es! O Gott, lass das Fell trocken sein – willst du auch das noch tun? Selbst wenn ich keine übermenschliche Kraft fühle, die Fülle deiner geistlicher Segnung in mir nicht spüre, selbst wenn ich mich so trocken fühle wie dieses Fell, kannst du trotzdem Israel durch meinen Arm erlösen? (Kein Wunder, dass er sein Bittgebet mit den Worten einleitete: *»Dein Zorn entbrenne nicht gegen mich!«*[1]) *»Und Gott machte es so in jener Nacht: Allein das Vließ blieb trocken, und Tau lag auf dem ganzen übrigen Boden.«*[2]

Ist es in unserem Fall nicht häufig genauso? Der Teufel versucht uns einzureden, dass wir keine Antwort auf unsere Gebete verdienen, weil unsere Seelen so »trocken« sind. Eine Gebetserhörung ist jedoch nicht von unseren Gefühlen abhängig, sondern von der Vertrauenswürdigkeit dessen, der die Verheißung gibt.

Selbstverständlich möchte ich nicht behaupten, dass Gideons Vorgehensweise für irgendjemanden von uns die normale Vorgehensweise sei. Gideon beweist wenig Vertrauen zu dem, was Gott verheißen hat. Und doch lässt Gott sich herab und erhört Gideon. *»Denn er weiß ja, was für Geschöpfe wir sind, er denkt daran, dass wir nur aus Staub gebildet wurden.«*[3]

Der höhere, bessere und sicherere Weg ist aber ganz gewiss der, dass wir im Glauben bitten und nicht zweifeln.[4]

---

1 - *Richter 6,39a*
2 - *Ebd. V. 40*
3 - *Psalm 103,14 NGÜ*
4 - *vgl. Jakobus 1,6a*

Aber es ist dennoch sehr tröstlich und beruhigend für uns, zu wissen, dass Gott Gideon erlaubte, ihn auf die Probe zu stellen. Gideons Fall ist auch keineswegs der Einzige, der in der Bibel erwähnt wird. Ein weiteres überraschendes Beispiel ereignete sich am galiläischen Meer. Petrus stellte unseren Herrn selbst auf die Probe. *»Bist du es ...«*, obwohl unser Herr bereits gesagt hatte: *»Ich bin's.« »Herr, bist du es, so befiehl mir, zu dir zu kommen auf dem Wasser.«* Und Jesus sagte: *»Komm«*, und Petrus *»stieg aus dem Boot und ging auf dem Wasser.«* [1] Wie schnell aber verlor Petrus seinen Blick auf Jesus und sein Glaube verschwand, angesichts der Wellen. Kleinglauben führt so oft und schnell zum Zweifel. Jesus sprach zu Petrus: *»Du Kleingläubiger, warum hast du gezweifelt?«* [2]

Gott hat uns so viele Verheißungen gegeben, die wir im Glauben ergreifen sollen. Und er hat so oft seine Macht und Bereitschaft bewiesen, unsere Gebete zu erhören, sodass wir eigentlich sehr vorsichtig sein sollten, ihn zu »testen« oder »auf die Probe« zu stellen!

Nun mag jemand denken: War nicht einige Seiten zuvor davon die Rede, Gott auf die Probe zu stellen? Und fordert Gott uns nicht selbst dazu auf, ihn auf die Probe zu stellen? Sagt er nicht: *»Prüft mich darin, spricht der Herr Zebaoth, ob ich nicht die Fenster des Himmels öffnen werde und meinen Segen in Fülle auf euch herab schütte«*? [3]

Ja, es ist wahr, Gott sagt tatsächlich: »Prüft mich, stellt mich auf die Probe.« Aber in Wirklichkeit dient diese Prüfung uns selbst! Wenn das Volk Israel aufgefordert wurde, ihren Zehnten zu geben, damit Gott als Antwort auf diese Glaubenstat *»die Fenster des Himmels«* öffnet, dann wäre der einzige Grund für den Fall, dass sie die überfließende

---

1 - *Matthäus 14,27-29*
2 - *Ebd. V. 31*
3 - *Maleachi 3,10b*

Fülle von Gottes Segen nicht erhalten hätten, der, dass sie eben der Aufforderung Gottes nicht gehorcht und ihren Zehnten nicht ganz gebracht hätten. Wenn wir Gott ganz vertrauen – wenn wir im Glauben auch solche Schritte wagen, die uns etwas kosten –, dann werden wir den verheißenen Segen erhalten und dazu noch die Lektion lernen, dass Gott zu seinen Verheißungen steht! Dies ist etwas, über das wir noch sprechen werden, wenn wir zu der Frage der nicht erhörten Gebete kommen.

Ich wünsche mir, dass jeder Christ sich fragt: »Habe ich je versucht aufrichtig im Vertrauen zu beten?« Wie lange ist es her, dass du zuletzt ein ernsthaftes Gebet vor Gott gebracht hast? Man bittet Gott um Segen für eine Ansprache oder eine Versammlung oder eine Mission, und der Segen kommt tatsächlich, aber nur, weil auch andere diese Sache vor Gott gebracht haben. Du bittest vielleicht um Befreiung von Schmerz oder Heilung von Krankheit und nichts geschieht, während gleichzeitig ein gottloser Mensch ohne Gebet und wie durch ein Wunder gesund wird. In solchen Fällen bekommen wir den Eindruck, es wäre vielleicht besser gewesen, gar nicht zu beten. Manchmal glaube ich, dass viele Christen keine echte Gebetserhörung aus ihrem eigenen Leben kennen. Und die meisten Christen geben Gott gar keine Gelegenheit, ihnen zu zeigen, welche Freude er daran hat, die Gebete seiner Kinder zu erhören. In all diesen Fällen ist es nicht verwunderlich, dass Gebet oft zu einer bloßen Formsache wird – eine fast mechanische tägliche Wiederholung gewisser Redewendungen oder eine Angelegenheit weniger Minuten am Morgen und Abend.

Dann ist da noch ein anderer Punkt. Hast du, wenn du betest, je die innere Gewissheit erhalten, dass dein Anliegen erhört wurde? Diejenigen, die das Privatleben von Gebetsmenschen kennen, sind oft überrascht von der völligen Sicherheit der Erhörung ihrer Gebete, lange bevor sie das

Erbetene bekommen. In ihren Biografien liest man Sätze, wie: »Ein Friede kam in meine Seele. Ich wurde voller Vertrauen, dass meine Bitte erhört würde.« In solchen Fällen danken die Beter bereits für die Erhörung, ohne sie mit eigenen Augen gesehen zu haben – einfach in der Gewissheit, dass Gott es ihnen gewährt. Und diese Gewissheit hat sich als begründet erwiesen.

Jesus hatte zu jeder Zeit diese Gewissheit, und wir sollten bedenken, dass, obwohl er Gott war, sein irdisches Leben völlig vom Wirken des Vaters abhing.

Als er vor dem geöffneten Grab des Lazarus stand, noch bevor Lazarus auferweckt worden war, sagte Jesus: *»Vater, ich danke dir, dass du mich erhört hast. Ich aber weiß, dass du mich allezeit erhörst …«* [1] Doch warum sprach Jesus dem Vater seinen Dank aus? Die Antwort ist: *»… um der umstehenden Menge willen habe ich es gesagt, damit sie glauben, dass du mich gesandt hast.«* [2] Wenn Christus durch den Glauben in unseren Herzen wohnt und wir *»im Heiligen Geist beten«* [3], sollten wir dann nicht davon überzeugt sein, dass uns der Vater hört? Und werden nicht jene, die dabeistehen, anfangen zu erkennen, dass wir einen allmächtigen Gott zum Vater haben?

Manche Menschen ringen im Gebet vor Gott um etwas, von dem sie wissen, dass es, entsprechend gewisser Zusagen der Schrift, nach seinem Willen ist. Sie beten Stunden-, Tage- oder wochenlang, bis der Heilige Geist ihnen plötzlich die innere Sicherheit gibt, dass Gott ihr Bitten erhört. Dann haben sie das volle Vertrauen, dass es nicht nötig ist, in dieser Sache weiterhin Gott zu bitten. Es ist, als ob Gott in klaren Worten gesagt hätte: »Dein Gebet ist erhört; und ich werde tun, wonach sich dein Herz sehnt!«

---

1 - Johannes 11,41-42
2 - Ebd. V. 42b
3 - vgl. Judas 20

Dies ist nicht nur die Erfahrung eines einzelnen Menschen, sondern vieler, für die das Gebet eine Grundlage ihres Lebens ist.

Doch wenn wir beten und Gott antwortet, dann muss das Gebet dem Handeln Raum machen. »*Was schreist du zu mir?*«, war Gottes Frage an Mose. »*Sage den Kindern Israel, dass sie aufbrechen sollen.*« [1]

Es überrascht nicht, dass Dr. Goforth, ein einflussreicher Chinamissionar, oft die Gewissheit erhielt, dass seine Bitten erhört seien. »Ich wusste, dass Gott geantwortet hatte. Ich erhielt die endgültige Gewissheit, dass er die Türen öffnen werde.« Warum sollte jemand darüber erstaunt sein? Der Herr Jesus sagte doch: »*Ihr seid meine Freunde, wenn ihr tut, was immer ich euch gebiete. Ich nenne euch nicht mehr Knechte, denn der Knecht weiß nicht, was sein Herr tut; euch aber habe ich Freunde genannt.*« [2] Halten wir es dann für verwunderlich, wenn der Herr uns und unsere Anliegen auf dem Herzen trägt?

Hier kommt sofort die Frage auf, ob Gott möchte, dass dies nur die Erfahrung einiger Gläubiger sei, oder ob er wünscht, dass alle Gläubigen einen ähnlichen Glauben praktizieren und die gleiche Sicherheit haben, dass ihre Gebete erhört seien.

Aus Gottes Wort wissen wir, dass Gott die Person nicht ansieht, [3] und daher auch unter den wahren Gläubigen keinen Unterschied macht. Wir sind seine Freunde, wenn wir tun, was er uns gebietet. Eines dieser Gebote ist das Gebet! Unser Heiland bat seine Jünger, Glauben an Gott zu haben (die wörtliche Übersetzung lautet: »*Habt den Glauben Gottes*« [4]). »*Denn*«, so erklärt er, »*wenn jemand zu die-*

---

1 - 2. Mose 14,15
2 - Johannes 15,14-15
3 - Galater 2,6
4 - Markus 11,22

sem Berg spricht: Hebe dich und wirf dich ins Meer! und in seinem Herzen nicht zweifelt, sondern glaubt, dass das, was er sagt, geschieht, so wird ihm zuteil werden, was immer er sagt.« [1] Und direkt danach gibt Jesus die Verheißung: *»Alles, was ihr auch immer im Gebet erbittet, glaubt, dass ihr es empfangt, so wird es euch zuteilwerden!«* [2]

Das ist genau die Erfahrung, über die wir gesprochen haben. Dies tun wirkliche Menschen des Gebets. Solche Dinge übersteigen natürlich die Vorstellung der Ungläubigen. Für die Kleingläubigen sind solche Dinge verwirrend. Unser Herr aber will, dass die Menschen erkennen, dass wir, seine Jünger, genauso gesandt sind, wie er. [3] Und sie werden es daran erkennen, dass wir einander lieben. [4]

Einige von uns werden sofort an Georg Müllers wunderbares Gebetsleben erinnert. Bei einer Gelegenheit, als er von Quebec nach Liverpool übersetzte, hatte er Gott darum gebeten, dass ein Liegestuhl, den er aus New York bestellt hatte, rechtzeitig ankommen möge, damit er noch den Dampfer erreiche. Er war voller Zuversicht, dass Gott sein Gebet erhört habe. Ungefähr eine halbe Stunde, bevor das Begleitboot die Fahrgäste zum Schiff bringen sollte, machten ihn die Beamten darauf aufmerksam, dass kein Stuhl angekommen sei und er auch unmöglich noch rechtzeitig zur Abreise kommen könne. Georg Müllers Frau litt sehr unter der Seekrankheit, und es war äußerst wichtig, dass sie den Stuhl bekam. Aber Georg Müller ließ sich durch nichts dazu bewegen, einen anderen Liegestuhl in einem nahe gelegenen Geschäft zu kaufen. »Wir haben unseren himmlischen Vater so sehr darum gebeten, also wollen wir ihm vertrauen, dass er es auch tun wird«, war seine Ant-

---

1 - Markus 11,23
2 - Ebd. V. 24
3 - vgl. Johannes 17,18; 20,21
4 - vgl. Johannes 13,35

wort. Dann ging er an Bord, absolut sicher, dass sein Vertrauen nicht enttäuscht werden würde. In dem Moment, als das Begleitboot gerade ablegen wollte, kam ein Möbelwagen herangefahren, und auf der Spitze seiner Ladung war Georg Müllers Stuhl. Er wurde rasch an Bord gebracht und gerade in die Hände des Mannes gegeben, der Georg Müller aufgefordert hatte, einen anderen zu kaufen! Als er ihn Herrn Müller übergab, drückte der keinerlei Erstaunen aus, sondern nahm still seinen Hut ab und dankte seinem himmlischen Vater. Für Georg Müller war eine solche Gebetserhörung nicht außergewöhnlich, sondern natürlich. Und ich bin überzeugt davon, dass Gott in seiner Souveränität zugelassen hat, dass dieser Stuhl bis zur allerletzten Minute zurückgelassen wurde – als eine Lektion für Georg Müllers Freunde und für uns! Denn ohne diese Verzögerung hätte es dieses Ereignis nicht gegeben und wir hätten nicht über Gottes Eingreifen in diesem Punkt erfahren.

Gott bewirkt unglaublich viel, um uns dahin zu bringen, dass wir beten und ihm vertrauen, und doch sind wir furchtbar träge darin, es auch zu tun! Wie viel Segen entgeht uns durch unseren Mangel an Gottvertrauen und Gebet! Wenn jemand Zweifel an Gottes Bereitschaft hat, sich prüfen zu lassen, dann kann ihm die Biografie von Amy Carmichael [1] eine Hilfe sein. Amy Carmichael erzählt darin, wie sie immer und immer wieder »Gott erprobte«. Man bekommt beim Lesen den Eindruck, als würde Gott selbst sie dazu drängen! Zum Beispiel war es einmal nötig, hundert Rupien auszugeben, um ein Hindukind davor zu bewahren, an eine Tempelfrau verkauft zu werden. Doch die Frage war, ob Amy dazu berechtigt war, dies zu tun? Immerhin konnte sie für eine so hohe Summe vielen Mädchen

---

1 - *Amy Carmichael: Die Geschichte einer großen Frau, von Frank Houghton, erschienen beim R. Brockhaus Verlag. Leider ist dieses Buch nur noch gebraucht erhältlich.*

helfen! Doch Amy fühlte sich innerlich dazu gezwungen, Gott zu bitten, dass er ihr die genaue Summe von hundert Rupien sende – nicht mehr und nicht weniger –, wenn es sein Wille war, dass das Geld dafür ausgegeben werde. Und tatsächlich: Das Geld kam, und zwar der genaue Betrag! Die Absenderin schrieb in einem kurzen Brief, dass sie eigentlich vorhatte, einen Scheck über eine andere Summe auszustellen, sie sich aber gezwungen fühlte, daraus genau hundert Rupien zu machen.

Was Amy Carmichael damals erlebte, war kein Einzelfall. Sie hatte Gott immer wieder auf die Probe gestellt und er hat sie nie im Stich gelassen. In ihrer Biografie schreibt sie Folgendes: »In fünfzehn Jahren blieb nie auch nur eine Rechnung unbezahlt, nie haben wir es jemandem erzählt, wenn wir Hilfe nötig hatten, aber nie hat es an irgendetwas gemangelt. Einmal sandte Gott –wohl um uns zu zeigen, was alles möglich sei, wenn es sein musste – durch einen Spender fünfundzwanzig Pfund. Einmal geschah es, dass ein völlig Unbekannter aus einer schreienden Menge an einer Bahnstation auftauchte, uns eine benötigte Geldgabe in die Hand gleiten ließ und wieder in der Menge verschwand, bevor ich irgendetwas sagen konnte.«

Ist das nicht herrlich? Es ist ein Wunder! Was sagt Johannes, wenn er vom Geist Gottes spricht? *»Und das ist die Freimütigkeit, die wir ihm gegenüber haben, dass er uns hört, wenn wir seinem Willen gemäß um etwas bitten. Und wenn wir wissen, dass er uns hört, um was wir auch bitten, so wissen wir, dass wir das Erbetene haben, das wir von ihm erbeten haben.«* [1] Hast du und habe ich ein so starkes Vertrauen zu Gott? Wenn nicht, warum nicht?

Für Gott ist es ganz natürlich, Gebete zu erhören und er hat die Macht, selbst die größten Wunder zu vollbringen! Tatsache ist aber, und darin wollen wir sehr ehrlich und

---

1 - 1. Johannes 5,14-15

aufrichtig sein, viele von uns haben *kein* so tiefes Vertrauen zu Gott. Und wir dürfen dies auch ganz ehrlich zugeben. Denn wenn wir Gott lieben, sollten wir ihn darum bitten, uns dieses Vertrauen zu schenken, weil es sein Wunsch ist, dass wir beten und er möchte, dass wir ihm vertrauen! Wenn wir Gott vertrauen, dann werden wir beten, weil wir keine bessere Möglichkeit sehen. Wir werden ohne das Gebet nicht mehr auskommen.

Glaubst du an Gott? Sehr wahrscheinlich ist deine Antwort »Ja«, aber vertraust du ihm so sehr, dass du ihm alles glaubst, was er sagt? Vielleicht klingt es in deinen Ohren lächerlich, so etwas einen Christen überhaupt zu fragen. Aber leider haben nur wenige Christen wirklich dieses tiefe Vertrauen zu Gott! Gott vergib uns! Ist dir je aufgefallen, dass wir dem Wort eines Menschen leichter vertrauen als dem Wort Gottes? Dabei kann ein Mensch, der wirklich »Gott glaubt« unvorstellbare Wunder der Gnade erleben, die Gott durch ihn wirkt! Ich bin nicht sicher, ob es je wieder einen Menschen gab wie Abraham, von dem uns das Neue Testament dreimal berichtet: *»Er glaubte Gott!«* [1] Ja, *»Abraham glaubte Gott, und das wurde ihm als Gerechtigkeit angerechnet.«* [2]

Heute wetteifern Christen, Juden und Muslime miteinander darum, wessen geistlicher Vater Abraham sei. Doch von der Bibel her sehen wir ganz klar: *»Es steht aber nicht allein um seinetwillen geschrieben, dass es ihm angerechnet worden ist, sondern auch um unsertwillen, denen es angerechnet werden soll,* ***wenn wir an den glauben, der unseren Herrn Jesus aus den Toten auferweckt hat****, ihn, der um unserer Übertretungen willen dahingegeben und um unserer Rechtfertigung willen auferweckt worden ist.«* [3]

---

1 - vgl. Römer 4,3; Galater 3,6; Jakobus 2,23

2 - Römer 4,3

3 - Ebd. V. 23-25

Bevor wir die Frage nach der Erprobung Gottes verlassen, möchte ich deutlich sagen, dass Gott uns manchmal sogar in Situationen führt, die uns dazu bringen, dass wir ihn »prüfen«. Amy Carmichael bezeugt zum Beispiel selbst, dass Gott es ihr einige Male auf Herz gelegt hat, für bestimmte Dinge zu beten, deren Notwendigkeit sie zunächst gar nicht sah. Sie fühlte sich aber vom Heiligen Geist dazu gedrängt, zu beten, und ihre Gebete wurden nicht nur erhört, sondern erwiesen sich später auch als große Ermutigung und Hilfe. Ja, Gott weiß, was wir benötigen, noch bevor wir dies überhaupt wissen und ihn darum bitten. Gott hat seinen Kindern versprochen: *»Ich will dich nicht verlassen und niemals von deiner Seite weichen!«* [1]

Amy Carmichael kam oft in die Versuchung, anderen von ihren Nöten zu erzählen. Aber immer kam die innere Gewissheit, fast wie eine Stimme Gottes, und sagte: »Ich weiß es, und das genügt.« Und Gott hat sich viele Male in Amys Leben verherrlicht. Sogar während des Krieges pflegten die ungläubigen Inder über sie zu sagen: »Ihr Gott versorgt sie.« Einer von ihnen stellte sogar fest: »Ist es nicht im ganzen Land bekannt, dass ihr Gott Gebete erhört?«

Wie sehr hat Gott sich durch ihren schlichten Glauben verherrlicht! Warum vertrauen wir Gott nicht in derselben Weise? Warum nehmen wir ihn nicht beim Wort? Ist es je vorgekommen, dass Gläubige oder Ungläubige von uns sagten: »Wir wissen, dass Gott deine Gebete erhört«? Jeder Missionar sollte von ganzem Herzen wissen: Gott sehnt sich danach, dass jeder von uns das gleiche Gottvertrauen an den Tag legt, wie diese eine Missionarin, Amy Carmichael. Gleichgültig, wie groß unsere Not ist und wie viel wir von Gott erbitten, ich bin sicher, dass Gott uns mehr geben wird, als wir erträumen oder fassen können.

---

1 - Hebräer 13,5b

Wer mag sagen und ermessen,
Wie viel Segen uns entgeht,
Wenn wir nicht zu ihm uns wenden
Und ihn suchen im Gebet?

Wie oft fehlt uns der innere Frieden und tragen wir unnötige Lasten, weil wir zwar Gott im Gebet suchen, aber seinem Wort nicht vertrauen! Warum fällt es uns so schwer, ihm zu vertrauen? Hat er uns je enttäuscht? Hat er nicht immer und immer wieder in seinem Wort versichert, dass er nur das Beste mit uns im Sinn hat, unsere Gebete hört und sie auch erhört, wenn sie aus reinem Gewissen und »in seinem Namen« vor ihn gebracht werden? Die Bibel ist voll von herrlichen und wunderbaren Gebetserhörungen, und doch fehlt uns so oft das nötige Gottvertrauen, und wir geben ihm nicht die nötige Ehre!

War' voll Einfalt unser Glaube,
Würden wir ihm trau'n aufs Wort:
Füllte Sonnenschein der Gnade
Unser Leben fort und fort!

Christus muss der alleinige Herr sein. Wir können nicht erwarten, frei von Angst zu sein, wenn wir versuchen, gleichzeitig für Gott und für etwas anderes zu leben.[1] Die Bibel sagt uns ganz klar, was Gottes Wille für unser Leben ist: Dass wir unser Leben, unseren Körper einsetzen *»als ein lebendiges, heiliges, Gott wohlgefälliges Opfer: das sei euer vernünftiger Gottesdienst!«*[2] Wir sollen uns *»nicht mehr der Sünde zur Verfügung stellen, und euch in keinem Bereich eures Lebens mehr zu Werkzeugen des Unrechts machen. Denkt vielmehr daran, dass ihr ohne Christus tot wart und dass Gott euch lebendig gemacht hat, und stellt euch ihm als Werkzeuge der Gerechtigkeit zur Verfügung, ohne ihm ir-*

1 - *vgl. Matthäus 6,24 ff.*
2 - *Römer 12,1*

gendeinen Bereich eures Lebens vorzuenthalten.« [1] *»Denn so, wie ihr [einst] eure Glieder in den Dienst der Unreinheit und der Gesetzlosigkeit gestellt habt zur Gesetzlosigkeit, so stellt jetzt eure Glieder in den Dienst der Gerechtigkeit zur Heiligung«* [2], damit wir erfüllt werden mit aller Gottesfülle! [3]

Wir sollten darauf vertrauen, dass wirklicher Glaube nicht nur glaubt, dass Gott erhören kann, sondern dass er Gebete *tatsächlich* erhört! Vielleicht sind wir träge im Gebet, aber *»es ist keineswegs so, dass der Herr die Erfüllung seiner Zusage hinauszögert«* [4] Ist das nicht tröstlich?

Die wohl ungewöhnlichste Art, mit der Amy Carmichael Gott auf die Probe stellte, ist folgende: »Wir mussten uns die Frage stellen, ob wir ein nahegelegenes Erholungsheim kaufen sollten. Welches war die richtige Entscheidung? Schließlich wollten wir ja, dass Gottes Wille geschieht. Also wurde viel gebetet und letztendlich baten wir Gott darum, dass, wenn es sein Wille sei, das Haus zu kaufen, die genaue Summe von 100 Pfund eingehen solle. Der Betrag kam innerhalb kürzester Zeit! Doch wir zögerten immer noch. Zwei Monate später baten wir Gott noch einmal um dasselbe Zeichen als Zustimmung zum Kauf. Und noch am gleichen Tag kam ein weiterer Scheck über 100 Pfund. Selbst jetzt hatten wir keinen Mut, in dieser Sache etwas zu unternehmen. Da kam innerhalb weniger Tage ein weiterer Betrag von 100 Pfund, der sogar ausdrücklich für den Kauf eines solchen Hauses bestimmt war.«

Ist es nicht ermutigend, wenn wir von solchen Erfahrungen lesen und uns dann vor Augen halten, dass Gott auch zu uns so freundlich und freigiebig ist? Gott ist die

---

1 - Römer 6,13 NGÜ
2 - Römer 6,19
3 - vgl. Epheser 3,19
4 - 2. Petrus 3,9a

Liebe und Liebe ist immer freundlich![1] Denke daran, wenn du Gott das nächste Mal um etwas bittest. Unser allmächtiger Vater ist »*freundlich*«. Das wird uns bei unseren Gebeten helfen. Gott hat so viel Geduld mit uns, wenn unser Glaube schwankt. »*Wie kostbar, o Gott, ist deine Gnade*«[2] und »*deine Güte ist besser als das Leben.*«[3]

Die Gefahr ist, dass wir von solchen Erfahrungen lesen und sagen: »Mensch, wie schön für sie!« Und dabei vergessen wir, dass Gott für uns dasselbe bereithält und uns genug Grund gegeben hat, um dasselbe von Gott zu erwarten. Gott hat keine Lieblingskinder! Er will, dass alle seine Gläubigen beten – auch du und ich.

Gott lässt manche Christen besondere Dinge erleben, wie wir sie von Amy Carmichael und Georg Müller gelesen haben, und er sorgt dafür, dass wir davon hören – nicht nur, damit wir über Gott staunen, sondern auch, damit wir herausgefordert werden zu beten! Also lasst uns einfältig sein und Gott vertrauen, wie kleine Kinder es tun. Nehmt Gott beim Wort. Denkt daran, dass uns in Christus »*die Freundlichkeit und Menschenliebe Gottes*«[4] erschienen ist. Manchmal *führt* Gott Menschen ins Gebetsleben hinein und manchmal muss er uns geradezu *hineintreiben*.

Wenn manche von uns auf ihr verhältnismäßig gebetsloses Leben zurückschauen, wie groß wird dann die Verwunderung und Freude sein, wenn uns die Gnade, Geduld und Liebe Gottes bewusst wird. Wo wären wir ohne sie! Es gibt Zeiten, da verlassen wir Gott, verlieren unser Vertrauen in ihn und fühlen uns auch von ihm verlassen; aber gepriesen sei sein Name, er hat uns nie verlassen und wird es auch niemals tun. Wir zweifeln an ihm, wir misstrauen

---

1 - vgl. 1. Johannes 4,8; 1. Korinther 13,4
2 - Psalm 36,8 NGÜ
3 - Psalm 63,4 NGÜ
4 - Titus 3,4

seiner Liebe, Fürsorge und Führung, verlieren den Mut, fangen an uns zu beklagen, aber er ist die ganze Zeit da, um uns zu segnen und einen Segen auf uns auszugießen, der so groß ist, dass wir ihn nicht fassen können. Die Verheißung Christi wird sich in alle Zeit erfüllen: *»Und alles, worum ihr dann in meinem Namen bittet, werde ich tun, damit durch den Sohn die Herrlichkeit des Vaters offenbart wird.«* [1]

Beten verändert die Dinge –
Sind wir auch blind und träg',
Zu seh'n den reichen Segen
Des Glaubens auf uns'rem Weg.

1 - *Johannes 14,13 NGÜ*

❁ 5. ❁

WAS IST GEBET?

Der Evangelist Dwight L. Moody sprach einmal zu einer überfüllten Kinderversammlung in Edinburgh. Er begann seine Predigt mit der Frage: »Was ist Gebet?« Eigentlich wollte er die Frage selbst beantworten und erwartete gar keine Antwort, doch zu seiner Überraschung streckten sich in der ganzen Halle eine Menge kleiner Hände empor. Er fragte einen Jungen, und die Antwort kam sofort, klar und deutlich: »Beten heißt, unsere Bitten im Namen Jesu vor Gott bringen um Dinge, die mit seinem Willen übereinstimmen, mit dem Bekenntnis unserer Sünde und dankbarer Anerkennung seiner Barmherzigkeit.«[1] Moody erwiderte überglücklich: »Danke Gott, mein Junge, dass du in Schottland geboren wurdest.« Aber das ist leider schon lange her und ich frage mich, welche Antwort er wohl heute erhalten würde! Lasst uns einen Augenblick nachdenken und fragen, welche Antwort wir selbst geben würden.

Was verstehen wir unter Gebet? Ich glaube, die große Mehrheit der Christen würde sagen: »Beten heißt, etwas von Gott erbitten.« Aber sicher ist Gebet viel mehr als das, oder, wie jemand sagte, »Gott unsere Botengänge machen zu lassen«. Beten ist viel mehr, als wenn ein Bettler an die Tür eines reichen Mannes klopft.

Das Wort »Gebet« bedeutet, »einen Wunsch an jemanden richten« – in unserem Fall an Gott. Jeder Christ

1 - *Anm. des Übersetzers: Diese Antwort, so unglaublich sie aus dem Mund eines Kindes erscheint, ist auf das Auswendiglernen der Katechismen im englischsprachigen Raum zurückzuführen.*

sucht Gott im Gebet, weil er weiß, dass er nur bei ihm das bekommen wird, was er braucht. Beten ist ganz einfach die »Hinwendung der Seele zu Gott«. David beschreibt es als das Emporheben der Seele zum lebendigen Gott. *»Zu dir, Herr, hebe ich meine Seele empor.«* [1] Dies ist eine wunderbare Beschreibung des Gebets! Wenn wir uns danach sehnen, den Herrn zu schauen, dann wird es auch unser Wunsch sein, dass der Glanz seiner Heiligkeit auf uns herabkommen möge. Wenn wir unsere Seelen im Gebet zu Gott emporheben, dann gestehen wir Gott das Recht ein, in uns und mit uns zu tun, was er will. Durch das Gebet stellen wir uns Gott zur Verfügung. Gott ist immer an unserer Seite, aber wir sind nicht immer an seiner Seite. Doch wenn ein Mensch betet, dann ist liegt es in Gottes Macht, zu antworten. Der Dichter sagt:

Beten ist der Seele innerstes Verlangen,
Ob wir's äußern – oder ob's fast unbewusst
Wie ein still verzehrend Feuer,
Das durchzittert unsre Brust.

»Gebet«, so eine alte jüdische Weisheit, »ist der Augenblick, wenn Erde und Himmel sich küssen.« Beim Beten geht es sicher nicht darum, dass wir Gott zu etwas überreden wollen oder wir ihm gar etwas vorschreiben. Es geht nicht darum, seinen Willen unter unseren zu beugen. Das Gebet ändert auch nicht Gottes Ziele. »Wir dürfen uns das Gebet nicht als einen Sieg über den widerstrebenden Gott vorstellen«, sagte Erzbischof Trench[2], »sondern als ein Erfassen seiner höchsten Bereitwilligkeit.«

Gott hat immer unser Bestes im Sinn. Selbst unser Gebet, das wir so häufig in Unwissenheit und mit Einfältig-

---

1 - Psalm 25,1 NGÜ

2 - Richard Ch. Trench (1807—1866), Theologe und Erzbischof von Dublin, Verfasser verschiedener theologischer und literarischer Werke.

keit sprechen, kann ihn nicht davon abbringen. Allerdings können wir durch unseren Eigensinn derart penetrant um etwas bitten, dass Gott es uns gibt, obwohl es nichts nützt, nur damit wir erkennen, wie dumm unsere Bitte war. *»Er gab ihnen ihre Bitte«*, sagt der Psalmist, *»und sandte ihnen genug, bis ihnen davor ekelte.«* [1] Das Volk Israel brachte diesen »Ekel« selbst über sich.

Gebet ist nach der Ansicht mancher Leute nur für Notfälle da! Wenn man in einer besonders gefährlichen Situation steckt, unter einer Krankheit oder einem Mangel leidet, oder wenn andere Schwierigkeiten aufkommen, dann beten sie. Es geht ihnen wie dem Ungläubigen, der tief unten in einem Bergwerk saß und als die Decke einzustürzen begann, fing er an zu beten. Ein alter Christ, der ruhig dabeistand, sagte: »Ach, scheinbar können nur Kohlenbrocken einen Mann zum Beten bringen.«

Beten ist jedoch viel mehr als bloß Gott um etwas zu bitten, obwohl das schon ein sehr wichtiger Teil des Gebets ist; schon allein deshalb, weil es uns unsere völlige Abhängigkeit von Gott bewusst macht. Gebet heißt auch, Gemeinschaft mit Gott zu haben. Wir lernen Menschen dadurch kennen, dass wir mit ihnen reden. Bei Gott ist das nicht anders. Wir lernen ihn zuerst und vor allem durch sein Wort kennen, in dem er sich uns offenbart, und dann durch das Gebet, in dem er uns begegnet. Der größte Gewinn des Gebets ist nicht die Erlösung von etwas Schlechtem oder das Empfangen einer Sache, um die wir gebeten haben, sondern dass wir Gott erkennen. *»Das ist aber das ewige Leben, dass sie dich, den allein wahren Gott, und den du gesandt hast, Jesus Christus, erkennen«* [2] Ja, durch das Gebet entdecken wir mehr von Gott, und das ist das Größte, was uns passieren kann. Auch heute noch sehnen sich

---

1 - Psalm 106,15 LUT
2 - Johannes 17,3

Menschen danach: *»O, dass ich wüsste, wo ich ihn fände, dass ich bis zu seinem Thron gelangen könnte!«* [1]

Der kniende Christ weiß, wo Gott zu »finden« ist, denn er ist selbst von Gott »gefunden« worden. Als Paulus auf dem Weg nach Damaskus dem verherrlichten Christus begegnete, da wurden seine Augen durch die Strahlen der Herrlichkeit Jesu geblendet. Aber später erzählt uns Paulus, dass er Jesus begegnete und in Verzückung geriet, als er im Tempel in Jerusalem war und betete. *»Ich sah Jesus ...«* [2] Und da, bei dieser Begegnung, gab ihm Christus den großen Auftrag, zu den Heiden zu gehen. In der Bibel gingen Visionen immer den Berufungen einzelner besonderer Gottesmänner voraus. So war es auch bei Jesaja: *»Ich [sah] den Herrn sitzen auf einem hohen und erhabenen Thron, und seine Säume erfüllten den Tempel.«* [3] Vermutlich befand sich Jesaja gerade betend im Tempel, als dies geschah. Diese Vision war verbunden mit seiner Berufung zum Dienst: *»Und er [Gott] sprach: ›Geh und sprich zu diesem Volk ...‹«* [4]

Doch auch wir können in ähnlicher – wenn auch nicht sichtbarer – Weise Gott begegnen, wenn wir beten. Jemand sagte einmal: »Beten heißt, Gottes Gegenwart im Sinn haben« – und das gerade ist tatsächliche Gegenwart Gottes. War sich der Psalmist dessen bewusst, als er ausrief: *»Nur auf Gott wartet still meine Seele; denn von ihm kommt meine Hoffnung«*? [5] Ich glaube, dass wir im Gebet so häufig versagen, weil wir uns so wenig Gedanken darüber machen, was Gebet eigentlich ist! Es ist nötig, dass wir uns dessen bewusst werden, dass wir uns in jedem Augenblick in seiner Gegenwart befinden, aber diese Gegenwart noch tiefer und

1 - *Hiob 23,3*
2 - *Apostelgeschichte 22,17 NGÜ*
3 - *Jesaja 6,1*
4 - *Ebd. V. 9*
5 - *Psalm 62,6*

segensreicher ist, wenn wir in Anbetung auf ihn schauen , um mit ihm Gemeinschaft zu haben wie mit einem Freund. Das ist möglich durch das Gebet!

Wirkliches Gebet ist das Rufen einer nach Gott dürstenden Seele. Wirkliches Gebet kommt von den Lippen derer, die allein auf die himmlischen Dinge ausgerichtet sind. Zinzendorf[1] war zum Beispiel ein Mann des Gebets. Warum? Nun, er hatte mehr Sehnsucht nach dem Geber als nach den Gaben. Er sagte: »Ich habe nur eine Passion: das ist ER, ER allein.«

Natürlich wissen wir, dass Gott uns auffordert, Dinge von ihm zu erbitten. Soweit gehorchen wir ihm auch; und wir dürfen sicher sein, dass Gott sich über solche Gebete freut und sie auch beantworten wird. Aber was wäre das für ein Kind, das die Gemeinschaft seines Vaters nur dann sucht, wenn es etwas von ihm wünscht? Sehnst Du dich nicht danach, mehr von Gott zu haben, als bloß ihn als den Erfüller deiner Bitten?

Um dies zu erreichen, sind meines Erachtens zwei Schritte nötig: Erstens müssen wir uns der Herrlichkeit Gottes bewusst werden und zweitens seiner Gnade! In einem Lied heißt es:

Gnade und Herrlichkeit fließen von dir;
Ströme, o Herr, davon schenke auch mir!

Ein solches Verlangen ist nichts Absonderliches für einen Christen, obwohl sich einige vielleicht fragen, was Gottes Herrlichkeit mit dem Gebet zu tun hat.

Sollten wir etwa nicht vor Augen haben, zu wem wir beten? Es gibt ein Sprichwort, das uns den Sinn dahinter sehr deutlich macht:

Trittst du bittend vor den König,

---

1 - *Nikolaus Ludwig Graf von Zinzendorf (1700 - 1760) war ein lutherisch-pietistischer Theologe, Gründer und Bischof der Herrnhuter Brüdergemeine und Dichter zahlreicher Kirchenlieder.*

Meinst du, dass wir jemals ausreichend Zeit damit verbringen könnten, Gott und seine alles überragende Herrlichkeit zu durchdenken und zu bewundern? Oder denkst du, dass je ein Mensch die volle Bedeutung des Wortes »Gnade« begriffen hat? Sind unsere Gebete nicht oft wirkungslos und kraftlos, weil wir so gedankenlos und unvorbereitet vor Gott treten, ohne uns seiner Majestät und Herrlichkeit bewusst zu sein und ohne mit dem unermesslichen Reichtum seiner Gnade in Christus Jesus zu rechnen – wobei er doch in seinem Wort sagt, dass seine Gläubigen einen Anspruch darauf haben? Wir müssen viel herrlicher von Gott denken!

Mache es dir zur Aufgabe, zuerst über Gottes Herrlichkeit und Gnade nachzudenken, bevor du das nächste Mal deine Anliegen vor Gott ausbreitest. Wir müssen unsere Herzen zu Gott emporheben. Wir wollen in die Nähe Gottes kommen und unsere Gebete an den allein Gewaltigen, den König der Könige und den Herrn der Herren, richten, *»der allein Unsterblichkeit hat, der in einem unzugänglichen Licht wohnt, den kein Mensch gesehen hat noch sehen kann; ihm sei Ehre und ewige Macht! Amen.«* [1] Lasst uns ihm Anbetung und Ehre entgegenbringen für seine unermessliche Herrlichkeit. Hingabe ist nicht genug. Wir müssen ihn anbeten.

»Heilig, heilig, heilig ist der Herr der Heerscharen; die ganze Erde ist erfüllt von seiner Herrlichkeit!« [2], rufen ihm die Seraphim Tag und Nacht zu! *»Ehre und Herrlichkeit Gott in der Höhe«* [3], ruft die große Schar des himmlischen Heeres. Doch wir wagen es, die Gemeinschaft mit Gott zu suchen ohne innezuhalten und uns seiner Heiligkeit be-

---

1 - 1. Timotheus 6,16

2 - Jesaja 6,3

3 - Lukas 2,14 NGÜ

wusst zu sein.[1]

Lippen rufen: »Herr sei gnädig!«;
Die nie riefen: »Sei gepriesen!«
Kommt drum, lasst ihn uns anbeten!

Obwohl wir Sünder sind, haben wir doch in Christus das Recht bekommen, voller Zuversicht vor Gottes Gnadenthron zu kommen. Hat nicht der Herr Jesus den Vater darum gebetet, dass er seine Jünger seine Herrlichkeit sehen lässt?[2] Ist nicht *»die ganze Erde erfüllt von seiner Herrlichkeit«*[3]? Das Fernrohr enthüllt uns die Unendlichkeit seiner Herrlichkeit, und das Mikroskop lässt uns das Ausmaß seiner Herrlichkeit ahnen. Selbst mit bloßem Auge können wir seine unbegreifliche Herrlichkeit in der Natur, dem Sonnenschein, in den Seen und der Weite des Himmels erkennen. Und all diese Dinge zeigen ja nur einen Bruchteil seiner wahren Herrlichkeit und Schönheit. Es war nicht der Wunsch nach Selbstverwirklichung, der unseren Herrn dazu antrieb zu beten: *»Vater verherrliche deinen Sohn ... verherrliche du mich, Vater.«*[4] Nein, Jesus will, dass wir seine grenzenlose Zuverlässigkeit und seine unbegrenzte Macht erkennen, damit wir voller Vertrauen zu ihm kommen.

Als Jesaja das Kommen des Herrn ankündigte, erklärte er: *»Die Herrlichkeit des Herrn wird sich offenbaren, und alles Fleisch miteinander wird sie sehen.«*[5] Ein Mensch ist erst dann in der Lage wirklich zu beten, wenn der Glanz der Herrlichkeit Christi in sein Leben strahlt.[6] Furcht und Zweifel werden erst dann aus seinem Herzen verbannt sein, wenn Glanz dieser Herrlichkeit in sein Herz fällt. Wir soll-

1 - vgl. 2. Mose 3,5
2 - vgl. Johannes 17,24
3 - Jesaja 6,3
4 - Johannes 17,1.5
5 - Jesaja 40,5
6 - vgl. 2. Korinther 4,6

ten Gott unsere Anbetung und Ehre entgegenbringen, bevor wir ihm unsere Anliegen sagen!

Keiner von uns wird fromm genug sein, dass er diese gottverherrlichende Einleitung ins Gebet nicht bräuchte. Von Franz von Assisi wird erzählt, dass er häufig eine Stunde oder zwei auf der Spitze des Monte Averno im Gebet verbrachte, wobei das einzige Wort, das über seine Lippen kam, das in Abständen wiederholte Wort »Gott« gewesen sei. Er begann mit Anbetung und blieb oft dabei! Die meisten von uns brauchen aber ein wenig Unterstützung, um sich die Herrlichkeit des unsichtbaren Gottes bewusster machen zu können, damit sie ihn angemessen preisen und anbeten können. William Law[1] sagte: »Wenn du betest, gebrauche solche Bezeichnungen von Gottes Eigenschaften, die dir seine Größe und Allmacht bewusst machen.«

Dieser Punkt ist sehr wichtig für uns, und wir sollten es als Anregung für unsere persönliche Anbetungszeit nutzen. Einige von uns beginnen vielleicht jeden Tag mit einem Blick nach oben und in dem Bewusstsein, dass Gott alle Ehre gebührt. Aber auch alte Gebete oder Lieder können eine Hilfe sein, feierliche Ehrfurcht in uns zu wecken. Lieder, wie das »Gloria in excelsis Deo« sind eine gute Grundlage für die innere Ausrichtung auf Gott:

»Ehre sei Gott in der Höhe
Und Friede auf Erden den Menschen seiner Gnade.
Wir loben dich,
Wir preisen dich,
Wir beten dich an,
Wir rühmen dich und danken dir,
Denn groß ist deine Herrlichkeit:
Herr und Gott, König des Himmels,
Gott und Vater, Herrscher über das All,
Herr, eingeborener Sohn, Jesus Christus.

1 - Anglikanischer Bischof (1686 - 1761).

Herr und Gott, Lamm Gottes,
Sohn des Vaters,
Du nimmst hinweg die Sünde der Welt: Erbarme dich unser.«

Wer von uns kann ein solches Loblied darbringen, ohne davon berührt zu werden? Wie viel mehr sollte uns die Tatsache der Gegenwart unseres majestätischen und wunderbaren Gottes berühren!

»Mein Gott, wie wunderbar bist du,
Wie herrlich dein Gericht,
Wenn von dem Stuhle deiner Huld
Leucht' deiner Gnade Licht!
Wie wunderbar, gleich Sonnenpracht,
Muss, Herr, dein Anblick sein,
Die Füll' der Weisheit und der Macht
Und deiner Reinheit Schein.«

Es ist gut, wenn wir so oft wie nur möglich ausrufen: *»Meine Seele erhebt den Herrn, und mein Geist freut sich über Gott, meinen Retter.«* [1] Gott zu loben hebt uns hinauf in die Regionen des Himmels, wie es die Worte ausdrücken:

»Heilig, heilig, heilig, Herr Gott Allmächtiger,
Alle deine Werke preisen deinen hohen Namen,
Dich rühmt die Erde, der Himmel und das Meer.«

Können wir mit dem Psalmisten fühlen und singen: *»Lobe den Herrn, meine Seele, und alles, was in mir ist, seinen heiligen Namen!«* [2] *»Lobe den Herrn, meine Seele! Herr, mein Gott, du bist sehr groß; mit Pracht und Majestät bist du bekleidet.«* [3] Wann werden wir lernen, dass ihm alle Ehre gebührt? Lasst uns ihm die Ehre geben! Eine solche Anbetung Gottes – bestehend aus Verehrung, Lob und

---

1 - *Lukas 1,46*
2 - *Psalm 103,1*
3 - *Psalm 104,1*

Danksagung – trägt auf geheimnisvolle Weise dazu bei, dass Gott uns innerlich verändert und stärkt.

Erinnern wir uns an die wunderbaren Worte aus Psalm 50,23: »*Wer Dank opfert, der ehrt mich, und wer seinen Weg recht ausrichtet, dem zeige ich das Heil Gottes*«? Durch Lob und Dank geben wir Gott nicht nur was ihm gebührt, sondern sie bewirken, dass wir selbst durch sie gesegnet werden. Paulus fordert uns auf: »*Freut euch allezeit!*« [1] bevor er uns im nächsten Vers ermutigt: »*Betet ohne Unterlass.*« [2] Darum sollte sowohl unser Lob als auch unser Beten »*ohne Unterlass*« sein.

Bei der Auferweckung des Lazarus sagt Jesus im Gebet als erstes dem Vater Dank: »*Vater, ich danke dir, dass du mich erhört hast.*« [3] Er sagte das, damit es die Umherstehenden und auch wir es hören.

Du wunderst dich vielleicht darüber, dass wir Gott für seine große Herrlichkeit danken und über sie nachdenken sollen. Vielleicht hilft es dir, wenn du dir bewusst machst, dass sein ganzes Wesen und Tun voller Herrlichkeit ist – seine Heiligkeit ist herrlich [4], sein Name ist herrlich [5], seine Werke sind herrlich [6], seine Macht ist herrlich [7], ja ...

... Alles, was voll Glanz und Schönheit,
Alle Wesen, groß und klein,
Was voll Wunder, was voll Weisheit,
Du, Herr, schufst es, du allein!

Und alles schuf er zu seinem Ruhm! »*Denn von ihm und durch ihn und für ihn sind alle Dinge; ihm sei die Ehre in*

---

1 - 1. Thessalonicher 5,16
2 - Ebd. V. 17
3 - Johannes 11,41
4 - vgl. 2. Mose 15,11
5 - vgl. 5. Mose 28,58
6 - vgl. Psalm 111,3
7 - vgl. Kolosser 1,11

Ewigkeit! Amen.« [1] Genau dies ist der Gott, der uns im Glauben an seinen Sohn, Jesus Christus, zu seinen Kindern machte und der uns dazu auffordert, im Gebet zu ihm zu kommen! Dieser Gott ist *unser* Gott, und er hat alle ewigen Segnungen für die bereitet, *»die ihn lieben!«*[2] Gott sagt, dass alle, die nach seinem Namen genannt sind, auch zu seiner Ehre geschaffen sind.[3] Die Gemeinde seiner Erwählten soll herrlich sein – heilig und untadelig.[4] Haben wir uns je bewusst gemacht, dass es zu Gottes ewigem Plan gehört, dass wir an seiner Herrlichkeit teilhaben sollen? Das ist sein großes Geschenk an uns, seine Erlösten. Glaubt mir, je mehr wir von seiner Herrlichkeit besitzen, desto weniger begehren wir die alltäglichen Gaben, um die wir sonst so bitten. Seine Herrlichkeit gehört uns schon jetzt – doch sie wird für alle sichtbar werden, *»wenn er kommen wird, um verherrlicht zu werden in seinen Heiligen und bewundert in denen, die glauben.«* [5] Der Vater hat uns dazu berufen, dass wir Teilhaber seiner Herrlichkeit sind. Hat Jesus uns das nicht selbst bestätigt? *»Ich habe die Herrlichkeit, die du mir gegeben hast, ihnen gegeben ...«* [6] Und nun ist Gottes Aufforderung an die Seinen, die er erkauft, erlöst und verherrlicht hat, *»damit ihr die Tugenden dessen verkündet, der euch aus der Finsternis berufen hat zu seinem wunderbaren Licht«*,[7] damit die Welt um uns herum unsere guten Werke sehen, und den Vater im Himmel preisen kann.[8]
Wäre das nicht bereits die Erhörung vieler unserer Gebete? Könnten wir um irgendetwas Besseres beten? Wir haben

1 - Römer 11,36
2 - 1. Korinther 2,9 b
3 - vgl. Jesaja 43,7
4 - vgl. Epheser 5,27
5 - 2. Thessalonicher 1,10a
6 - Johannes 17,22
7 - 1. Petrus 2,9
8 - vgl. Matthöus 5,16

diese Herrlichkeit Gottes schon bekommen. Aber wie werden wir fähig, sie widerzuspiegeln? Die Antwort ist: durch das Gebet! Nur wenn wir beten, wird Gott sein Wesen in uns sichtbar werden lassen!

Als Mose betete: »*So lass mich doch deine Herrlichkeit sehen*«[1], sah er nicht nur etwas davon, sondern er durfte sogar teilhaben an Gottes Herrlichkeit, sodass sein Gesicht davon glänzte.[2] Genauso werden auch wir, wenn wir die »Herrlichkeit Gottes in dem Angesicht Jesu Christi« schauen, nicht nur den Schein dieser Herrlichkeit sehen, sondern werden selbst etwas von dieser Herrlichkeit erhalten.

Besinnen wir uns also still auf die Herrlichkeit Christi, indem wir ihm in seinem Wort und im Gebet begegnen und auf diese Weise sein Wesen widerspiegeln und es selbst empfangen.

Das erlebten schon die ersten Jünger unseres Herrn. Sie erklären und voller Ergriffenheit: »*Wir sahen seine Herrlichkeit!*«[3] Was aber folgte danach? Nun, die kleine Horde einfacher, unwissender und unbekannter Fischer lebte eine Zeit lang mit Christus und sie sahen seine Herrlichkeit; und eines Tages erhielten sie selbst einen Teil dieser Herrlichkeit. Als Folge davon wundern sich andere über diese Veränderung der Jünger »*und sie erkannten, dass sie mit Jesu gewesen waren.*«[4] Auch wir können mit Johannes sagen: »*Unsere Gemeinschaft ist mit dem Vater und mit seinem Sohn Jesus Christus*«[5], und hoffentlich werden die Leute, wenn sie unser Leben anschauen, auch feststellen: »Diese sind mit Jesus gewesen!«

---

1 - 2. Mose 33,18
2 - vgl. 2. Mose 34,29
3 - Johannes 1,14b; vgl. 2. Petrus 1,16
4 - Apostelgeschichte 4,13
5 - 1. Johannes 1,3

Indem wir unsere Herzen im Gebet zum lebendigen Gott emporheben, fällt der Glanz seiner Heiligkeit auf uns; und so gewiss, wie Blumen durch das Licht der Sonne aufblühen und schön werden, werden auch wir durch die Herrlichkeit Christi wahres Leben und Veränderung erfahren. Wenn der Berg der Verklärung – als Sinnbild für die Gemeinschaft mit Gott – seinen rechtmäßigen Platz in unserem Leben bekommt, werden auch unsere Gesichter verwandelt werden und die Leute werden in unseren Gesichtern das äußere und sichtbare Zeichen von Gottes innerer geistlicher Gnade sehen. Der Wert, den wir für Gott und die Menschen empfinden, zeigt sich in dem Ausmaß, wie wir die Herrlichkeit Gottes anderen gegenüber offenbaren.

Was also ist Gebet? Zuerst ist es ein Kennzeichen für geistliches Leben. So wenig Leben man in dem Körper eines Toten erwarten kann, so wenig geistliches Leben wird man bei einem Menschen sehen, der nicht betet! Unser geistliches Leben und unsere Fruchtbarkeit sind davon abhängig, ob Gott unser Leben bestimmt und wir ihn in alles mit einbeziehen. Sobald ich feststellen sollte, dass ich mich im Hinblick auf mein Gebet von meinem Vaterhaus entfernt habe, werde ich sofort umkehren, zum Vater gehen und zu ihm sagen: »Vater, ich habe gesündigt gegen dich und gegen den Himmel ...«

An diesem Punkt hatte ich meine Feder weggelegt, und als ich wenig später weiterschreiben wollte, las ich auf der ersten Seite die Worte: »Unser geistliches Versagen ist darin begründet, dass wir auf Menschen anstatt auf Gott schauen. Die römische Kirche erzitterte, als Martin Luther Gott begegnete. Die ›große Erweckung‹ brach aus, als Jonathan Edwards Gott begegnete. Schottland wurde verändert, als John Knox Gott begegnete. England wurde zu einer großen Gemeinde, als John Wesley Gott begegnete. Eine große Zahl Menschen wurden errettet, als George Whitefield Gott begegnete. Und dieser eine Gott ist *›derselbe gestern und heute und auch in Ewigkeit!‹* « [1]

Wer kann ermessen, was geschehen würde, wenn die Gemeinde ihren Blick wieder auf Gott richten würde? Aber es ist leicht über andere zu reden. Lasst *uns* bereit sein, mit offenem und reinem Herzen auf Gott schauen und ihn wieder zum einzigen Maßstab unseres Lebens machen. »*Glücklich zu preisen sind die, die ein reines Herz haben; denn sie werden Gott sehen.*« [2]

Kein Missionar hat mich so sehr beeindruckt wie Dr. J. Wilbur Chapman.[3] In einem Brief an einen Freund schrieb er: »Ich habe im Hinblick auf das Gebet einige wichtige Lektionen gelernt. Bei einer Evangelisation, die ich in England durchführte, kamen nur sehr wenige Menschen zu den Predigten. Eines Abends erhielt ich die Nachricht, dass ein bekannter amerikanischer Missionar auch anwesend war und für unsere Arbeit bete; sein Name war John Hyde. Es war verblüffend, aber plötzlich änderte sich die Situation völlig. Die Halle wurde brechend voll, und nach meiner Predigt nahmen fünfzig Menschen Christus als ihren Erretter an. Als die Evangelisation beendet war und wir uns auf den Rückweg machen wollten, bat ich John Hyde: ›Bruder Hyde, ich möchte, dass Sie für mich beten.‹

Wir gingen auf mein Zimmer und fielen auf unsere Knie. Fünf Minuten vergingen, ohne dass ein einziges Wort über seine Lippen kam. Ich konnte unser beider Herzen schlagen hören und fühlte heiße Tränen über mein Gesicht laufen. Mir war Gottes Gegenwart so bewusst wie nie. Dann sagte er, während Tränen über sein Gesicht strömten: ›O Gott!‹ Darauf war es wieder fünf Minuten

---

1 - Hebräer 13,8

2 - Matthäus 5,8

3 - Amerikanischer Evangelist (1859 - 1913), Mitarbeiter von D. L. Moody.

still, und dann kam aus der Tiefe seines Herzens ein solches Flehen für die Verlorenen, wie ich es nie zuvor gehört hatte. Als ich mich wieder von meinen Knien erhob, wusste ich, was wirkliches Gebet ist. Ich erkannte, dass sich das Gebet Hydes viel weniger auf seinen Lippen als viel mehr in seinem Herzen, im Verborgenen, stattfand.

Wir wissen, dass das Gebet eine mächtige Waffe ist, und ich glaubte mehr denn je daran.«

Dr. Chapman pflegte zu sagen: »Es war diese eine Stunde im Gebet mit John Hyde, durch die ich lernte, was wahres Gebet ist. Ich verdanke ihm mehr als irgendeinem anderen Menschen, weil er mir zeigte, wie wichtig das Gebet in unserem Leben ist und wie ein wirklich geheiligtes Leben aussieht. Jesus Christus wurde ein noch größeres Vorbild für mich, und durch Gottes Wort erhielt ich einen Einblick in sein Gebetsleben; Gott schenkte mir das Verlangen selbst ein Gebetsmensch zu werden – und dieses Verlangen hält bis heute an.«

Gott kann auch uns dieses Verlangen schenken.

Alle, die ihr seufzt und schmachtet
Und euch sehnt nach neuer Kraft,
Hört ihr nicht das stille Mahnen:
»Ach, nur eine Stunde wacht«?

Fruchtbarkeit und neuer Segen
Kommen nicht auf gold'nen Wegen.
Nur der Umgang Gottes schafft
Für den heil'gen Dienst die Kraft!

❀ 6. ❀

WIE SOLL ICH BETEN?

Wie soll ich beten? Gibt es für einen Christen eine wichtigere Frage? Wie soll ich vor den König der Welt treten?

Wenn wir die Verheißungen lesen, die Jesus uns in Bezug auf das Gebet gibt, dann sind wir geneigt zu denken, dass er eine viel zu große Macht in unsere Hände legt – es sei denn, wir geben tatsächlich dem Gedanken Raum, dass es für ihn unmöglich wäre, das zu tun, was er versprochen hat. Er sagt: Bittet um »irgendetwas«, »was ihr auch bittet«, »was ihr wollt«, es soll geschehen.

Aber dann fügt er einen wichtigen Satz hinzu, der das alles noch etwas genauer bestimmt. Er sagt, *»wenn ihr in meinem Namen ...«* [1] um etwas bittet ... Das ist die Bedingung, und zwar die einzige, obwohl sie, wie wir später noch sehen werden, manchmal in verschiedenen Worten ausgedrückt wird.

Wenn wir deshalb um etwas bitten und nichts empfangen, dann kann es nur daran liegen, dass wir diese Bedingung nicht erfüllen. Sind wir aber seine wahren Jünger und sehnen uns aufrichtig nach etwas, dann werden wir uns auch die Mühe machen zu entdecken, was Jesus damit meint, wenn er uns auffordert, in seinem Namen zu bitten.

Lasst uns also die Verheißung noch einmal lesen, um ganz sicher zu sein: *»Und alles, was ihr bitten werdet in meinem Namen, das will ich tun, damit der Vater verherrlicht wird in dem Sohn. Wenn ihr etwas bitten werdet in mei-*

---

1 - Johannes 14,14

nem Namen, so werde ich es tun.« [1]

Das Bitten »in Jesu Namen« war etwas völlig Neues, wie Jesus auch an einer anderen Stelle deutlich macht: *»Bis jetzt habt ihr nichts in meinem Namen gebeten; bittet, so werdet ihr empfangen, damit eure Freude völlig wird!«* [2] Fünfmal wiederholt Jesus diese einfache Bedingung. [3] Und offensichtlich möchte er hier etwas sehr Wichtiges andeuten. Es ist mehr als eine Bedingung, es ist auch eine Verheißung und eine Ermutigung, denn immer, wenn Jesus uns zu etwas auffordert, dann schenkt er uns auch die Fähigkeit es zu tun. Was bedeutet es denn dann, in seinem Namen zu bitten? Wir müssen es um jeden Preis herausfinden, denn es ist das Geheimnis eines wirksamen Gebets.

Zuerst möchte ich feststellen, dass es möglich ist, diese Worte falsch zu verstehen und sie zu missbrauchen, denn Jesus sagte auch: *»Viele werden unter meinem Namen kommen und sagen: Ich bin der Christus! Und sie werden viele verführen.«* [4] Er hätte ebenso gut sagen können: »Viele werden denken, dass sie in meinem Namen zum Vater beten, während sie sich selbst betrügen.«

Soll »in Jesu Namen beten« bedeuten, dass man nur die Worte »im Namen Jesu« als Abschluss unserer Gebete hinzuzufügen braucht?

Viele Leute glauben das anscheinend. Aber haben wir nie erlebt, wie jemand – vielleicht sogar wir selbst – ein Gebet gesprochen hat, das voller Selbstsucht und Eigennutz war, das aber mit den Worten »in Jesu Namen, Amen« endete? Sollte dies ein Gebet sein, das Gott erhört?

Das bloße Hinzufügen der Worte »im Namen Jesu« genügte sicher nicht, damit Gott unsere Gebete erhört,

---

1 - *Ebd. V. 13-14*
2 - *Johannes 16,24*
3 - *vgl. Johannes 14,13-14; 16,16; 16,23.24.26*
4 - *Matthäus 24,5*

wenn wir es zum Beispiel damit vergleichen, was Jakobus in seinem Brief darüber schreibt (vgl. Jakobus 4, 3). Ein unrechtmäßiges Gebet kann nicht rechtmäßig werden, nur indem man irgendeinen mystischen Satz hinzufügt! Und ein aufrichtiges Gebet bleibt nicht deshalb von Gott ungehört, weil der Beter bestimmte Worte weggelassen hat. Ganz sicher nicht! Hier geht es um mehr als um eine Frage von Floskeln. Schließlich geht es Gott auch um den Glauben und gute Taten und nicht um äußerliche Frömmigkeit und Worte. Das Hauptanliegen des Gebets ist, dass Jesus Christus verherrlicht wird. Wir sollen deshalb »in Jesu Namen« beten, *»damit der Vater verherrlicht wird in dem Sohn«.*[1] Wenn wir beten, dann nicht, weil wir Reichtum oder Gesundheit, Wohlergehen oder Erfolg, Bequemlichkeit oder Trost, Geistlichkeit oder Frucht im Dienst zu unserer eigenen Freude, unserem persönlichen Erfolg oder Ansehen suchen, sondern allein um Christi willen und zu seiner Ehre! Ich möchte drei Punkte zum rechten Verständnis der Worte »in Jesu Namen« nennen:

1.) Zunächst lässt Gott manches nur »um Christi willen« geschehen – das heißt: um seines Sühnetodes willen. Wer also nicht an seinen Sühnetod glaubt, kann auch nicht »in Jesu Namen« beten. Vielleicht gebraucht er die Worte, aber Gott wird ihn nicht erhören! Denn wir werden *»durch sein Blut gerechtfertigt«,*[2] und *»wir haben die Erlösung durch sein Blut, die Vergebung der Sünden«.*[3] In einer Zeit, in der Gottes Gericht und die Sünde der Menschen kleingeredet und wo Gottes Gnade allen Menschen gleichermaßen zugesprochen wird, ist es äußerst wichtig, sich die Wirksamkeit des Sühneopfers Jesu und seines vergos-

---

1 - *Johannes 14,13*
2 - *Römer 5,9*
3 - *Kolosser 1,14; vgl. Epheser 1,7*

senen Blutes für die Gläubigen allein vor Augen zu halten. In diesem Licht werden viele sogenannte Gebete als Täuschung und Fallstrick entlarvt.

Ich möchte diesen Punkt durch ein Erlebnis darstellen, das Moody sehr früh in seinem Dienst machte. Die Frau eines ungläubigen aber sehr gebildeten Richters bat Moody, mit ihrem Mann über Christus zu sprechen. Moody zögerte allerdings, sich mit einem so intelligenten Mann in eine Diskussion einzulassen und sagte ihm das ganz offen. »Aber«, fügte Moody hinzu, »sollten Sie sich je bekehren, lassen Sie es mich dann wissen?« Der Richter lachte zynisch und erwiderte: »O ja, ich werde es Sie sofort wissen lassen, sollte ich mich je bekehren.« Moody ging seines Weges, betete aber weiterhin für die Errettung des Richters. Und tatsächlich: Der Richter bekehrte sich innerhalb eines Jahres. Er hielt sein Versprechen und erzählte Moody, wie es dazu kam. »Eines Nachts, als meine Frau in einer Gebetsversammlung war, wurde mir sehr unbehaglich und elend zumute. Ich ging zu Bett, bevor sie heimkam. Die ganze Nacht konnte ich nicht schlafen. Am nächsten Morgen stand ich früh auf, sagte meiner Frau, dass ich kein Frühstück brauche, und ging in mein Büro. Dort angekommen forderte ich meine Angestellten auf, sie sollten einen Urlaubstag machen. Dann schloss mich in mein Privatbüro ein. Aber es ging mir innerlich immer schlechter. Schließlich fiel ich auf meine Knie und bat Gott, mir meine Sünden zu vergeben. Mir lag auf der Zunge, zu sagen »um Jesu willen«, aber ich glaubte nicht an das Sühnopfer. Innerlich kämpfte ich mit mir und betete weiter: ›O Gott, vergib mir meine Sünden!‹ Aber ich erhielt keine Antwort. Zuletzt rief ich voller Verzweiflung: ›O Gott, um Jesu willen und auf der Grundlage dessen, was er getan hat, vergib mir meine Sünden!‹ Und mit einem Mal fand ich Frieden.«

Dieser Richter fand keinen Zugang zu Gott, bis er erkannte, dass dies nur auf der Grundlage dessen möglich ist, was Jesus Christus am Kreuz stellvertretend für Sünder wie ihn getan hatte. Nur durch den Glauben an das Sühneopfer Jesu wurde er sofort erhört und erlangte Vergebung. Ja, »im Namen Jesu« beten heißt: um Dinge zu bitten, die durch das Blut Jesu erworben wurden. Nur durch die Wiedergeburt und allein durch den Glauben an Jesus Christus haben wir *»einen freien und ungehinderten Zugang zu Gottes Heiligtum; Jesus hat ihn uns durch sein Blut eröffnet.«* [1] Es gibt diesen Zugang auf keinem anderen Weg.

Aber das ist noch nicht alles, was es bedeutet, in »Jesu Namen« zu beten.

2.) Die bekannteste Darstellung zum Bitten »im Namen Jesu« ist sicherlich die des Geldabhebens von einer Bank durch einen Scheck. Von meinem eigenen Bankkonto kann ich nur bis zu der Höhe meines Guthabens abheben. In meinem eigenen Namen kann ich nicht mehr verlangen, da ich sonst keinerlei Guthaben besitze. Nehmen wir aber an, ein Freund von mir besäße ein riesiges Vermögen. Und dieser Freund würde mir einen Blankoscheck geben, der seine Unterschrift trägt, und mich auffordern, eine beliebige Summe auf den Scheck zu schreiben. Was würde ich tun? Sollte ich nur so viel abheben, wie ich im Augenblick benötige oder so viel wie möglich? Sicherlich würde ich nichts tun, was meinen Freund schädigen könnte oder was mich in seiner Achtung sinken lässt.

Manche vergleichen den Himmel mit einer Bank. Gott ist der große Bankier, denn *»jede gute Gabe und jedes vollkommene Geschenk kommt von oben herab, von dem Vater ...«* [2] Nach diesem Beispiel bräuchten wir einen Scheck,

---

1 - Hebräer 10,19 NGÜ
2 - Jakobus 1,17a

mit dem wir über diesen unerschöpflichen Reichtum »verfügen« könnten. Durch das Gebet hat uns der Herr Jesus sozusagen einen Blankoscheck gegeben und fordert uns auf: »Füllt ihn in einer beliebigen Höhe aus, was immer ihr wollt, ihr werdet es empfangen. Weist diesen Scheck in meinem Namen vor, und ihr werdet es bekommen.« Oder, wie ein bekannter Evangelist es einmal sagte: »Wenn ich zur Himmelsbank gehe, das heißt, wenn ich zu Gott im Gebet komme, dann geschieht Folgendes: Ich komme mit leeren Händen, habe nichts einbezahlt und daher auch kein Guthaben. Wenn ich nun in meinem eigenen Namen komme, so werde ich absolut nichts erhalten. Aber Jesus Christus hat einen unbegrenzten Kredit im Himmel und er hat mir das Vorrecht gegeben, in seinem Namen zur Bank zu gehen und zu bitten, um alles zu erhalten, worum ich den Vater in seinem Namen bitte. Im Namen Jesu beten heißt daher nicht aufgrund meines Guthabens, sondern SEINES Guthabens zu beten.« Der Prophet Daniel formulierte es im Alten Testament so: *»Neige dein Ohr, mein Gott, und höre; tue deine Augen auf und sieh ... Denn nicht um unserer eigenen Gerechtigkeit willen bringen wir unsere Bitten vor dich, sondern um deiner großen Barmherzigkeit willen!«* [1]

Dies ist wirklich sehr ermutigend, denn in einem gewissem Sinne ist dieser Vergleich mit der Bank wahr. Wäre der Scheck auf das Konto einer Regierung oder einer reichen Organisation ausgestellt, könnte man versucht sein, alles zu nehmen, was man kann. Aber lasst uns daran denken, dass wir zu einem liebenden Vater kommen, dem wir alles verdanken, den wir von ganzem Herzen lieben und zu dem wir immer wieder kommen dürfen. Wenn wir unsere Schecks bei der Himmelsbank einlösen, stehen seine Ehre und seine Verherrlichung im Vordergrund. Davon abgesehen war der Preis dieses Schecks nichts Geringeres, als das

---

1 - Daniel 9,18b

Leben des einzigartigen Gottessohns Jesus Christus – ein Preis wie er höher nicht hätte sein können!

Doch kommen wir auf unsere Erfahrung zu sprechen, verfallen viele von uns wieder in Zweifel. Haben nicht viele von uns erlebt, dass sie »in Jesu Namen« um etwas baten, es mit guten Absichten und im Vertrauen auf das Werk Jesu taten, aber dennoch nicht das bekamen, um was sie gebeten hatten? Was haben wir falsch gemacht? Liegt es vielleicht daran, dass wir nicht darauf geachtet haben, ob das, worum wir gebetet haben, Gottes Willen entspricht oder nicht? Denn schließlich wird Gott niemals gegen seinen Willen handeln.

Darf ich an dieser Stelle eine Begebenheit aus meinem eigenen Leben weitergeben? Ich habe diese Geschichte bisher nie öffentlich erzählt, aber vielleicht ist sie jemandem eine Hilfe, denn sie half mir persönlich etwas über das Gebet zu lernen.

Es geschah vor über dreißig Jahren. Ein wohlhabender Freund von mir, ein Geschäftsmann, wollte mir für eine bestimmte Sache ein britisches Pfund geben. Er bat mich in sein Büro und schrieb hastig einen Scheck über die Summe aus. Den Scheck faltete er zusammen und reichte ihn mir mit den Worten: »Ich habe ihn nicht zur Verrechnung ausgestellt, würdest du ihn bitte bei der Bank einlösen?« Bei der Bank angekommen, kontrollierte ich flüchtig meinen Namen auf dem Scheck, ohne mich über die Höhe zu vergewissern, unterzeichnete ihn auf der Rückseite und händigte ihn dem Bankbeamten aus. »Das ist für eine Bareinlösung eine ungewöhnlich hohe Summe«, sagte dieser, indem er mich eingehend musterte. »Ja«, erwiderte ich lachend, »ein Pfund!« »Nein«, sagte der Beamte, »er ist auf eintausend Pfund ausgestellt!«

Und so war es! Mein Freund war es gewohnt, große Schecks auszustellen. Und so hatte er ganz gewohnheitsmäßig »eintausend Pfund« anstatt »ein Pfund« geschrieben. Was war nun meine rechtliche Lage? Der Scheck war wirklich in seinem Namen ausgestellt, seine Unterschrift war darauf und meine ebenso. Konnte ich die eintausend Pfund abheben, vorausgesetzt, dass so viel Guthaben auf dem Konto war? Der Scheck war freiwillig, wenn auch in Eile, ausgestellt, er war mir freiwillig übergeben worden – warum also sollte ich ihn nicht einlösen?

Nun, ich hatte es mit einem Freund zu tun – einem großzügigen Freund, dem ich vieles verdankte. Er hatte mir seine Absicht mit dem Geld erklärt, also kannte ich seinen Wunsch und seinen Willen. Seine Absicht war, mir ein Pfund zu geben und nicht mehr. Deshalb brachte ich ihm sofort den falsch ausgestellten Scheck zurück und erhielt kurze Zeit später das eine Pfund, das er mir ursprünglich geben wollte. Hätte mir mein Freund einen Blankoscheck gegeben, dann wäre das Ergebnis genau das gleiche gewesen. Er hätte erwartet, dass ich ein Pfund eingetragen hätte, und meine Ehre hätte auf dem Spiel gestanden, hätte ich das nicht getan.

Was also habe ich aus dieser Geschichte über das Beten gelernt? Die Antwort ist: Gott hat mit jedem von uns einen Plan. Solange wir aber nicht versuchen, seinen Willen zu erkennen, werden wir wahrscheinlich um »tausend« bitten, doch er wird uns nur »eines« geben, weil er weiß, dass eben dieses »eine« viel besser für uns wäre!

Wenn wir beten, dann kommen wir zu unserem liebenden Vater. Wir verdanken ihm alles. Er lädt uns ein, zu ihm zu kommen, wann immer wir wollen, mit allem, was uns bedrückt. Seine Macht zu helfen ist unerschöpflich.

Aber er fordert uns auch auf, daran zu denken, dass wir nur um das bitten sollen, was auch seinem Willen entspricht und was seinem Namen Ehre macht. Johannes sagt: »*Und wer an Jesus glaubt, kann sich voll Zuversicht an Gott wenden; denn wenn wir ihn um etwas bitten, was seinem Willen entspricht, erhört er uns.«* [1] Damit gibt uns unser himmlischer Vater einen Blankoscheck und erlaubt uns, *»etwas«* einzusetzen. Aber er wird uns niemals etwas geben, was nicht seinem Willen entspricht, weil sie schädlich für uns sind.

Ich glaube allerdings, dass bei den meisten von uns der Fehler in der entgegengesetzten Richtung liegt: Gott gibt uns einen Blankoscheck und sagt: Bitte um »eintausend ...«, wir aber, kleingläubig wie wir sind, bitten nur um einen Cent! Wäre mein Freund nicht beleidigt gewesen, wenn ich ihn so behandelt hätte? Erbitten wir genug von Gott? Wagen wir es ihn wirklich *»entsprechend seinem Reichtum in Herrlichkeit in Christus Jesus«* [2] zu bitten?

Ich möchte noch einen dritten Punkt nennen: Wir können nicht sicher sein, wirklich »in Jesu Namen« zu bitten, bevor wir nicht seinen Willen für uns erkannt haben.

3.) Wir alle wissen, was es bedeutet, »im Namen« eines anderen zu bitten. Aber wir achten sehr genau darauf, niemandem zu erlauben, unseren Namen zu verwenden, dem wir nicht vertrauen können. Er könnte unser Vertrauen missbrauchen und unseren Namen in Misskredit bringen. Gehasi, der Diener Elisas, benutzte auf unehrlicher Weise dessen Namen, um sich von dem aramäischen Heeresführer Naeman eine Belohnung zu erschleichen. Er missbrauchte Elisas Namen, was für ihn unmittelbar den Fluch des Aussatzes zur Folge hatte. [3]

Ein vertrauenswürdiger Angestellter gebraucht häufig den Namen seines Arbeitgebers. Er geht mit großen

---

1 - 1. Johannes 5,14 NGÜ

2 - Philipper 4,19 eÜ

3 - vgl. 2. König 5

Summen um, als ob sie sein Eigentum wären. Aber das kann er nur so lange tun, wie sein Arbeitgeber ihn für vertrauenswürdig hält. Es ist selbstverständlich, dass er das Geld für seinen Chef verwendet und nicht für sich selbst. Unser ganzes Geld, unsere Gesundheit, alles was wir haben und sind gehört unserem Herrn Jesus Christus. Wir können im Namen Jesu zu Gott kommen und ihn um Hilfe bitten, wenn wir alles, was wir bekommen, zu seiner Ehre verwenden.

Wenn ich einen Scheck, der auf mich ausgestellt ist, einlösen will, so genügt es dem Bankbeamten, wenn die Unterschrift des Kunden echt ist und ich berechtigt bin, das Geld zu erhalten. Er fragt nicht danach, was ich mit dem Geld tun möchte, ob ich einen vorbildlichen Charakter habe, und hat kein Recht zu entscheiden, ob ich es wert bin, das Geld zu empfangen. Anders bei Gott! Und gerade dieser Punkt ist absolut entscheidend. Lies jetzt bitte nicht hastig über die nächsten Zeilen hinweg, sondern nimm dir besonders viel Zeit, um darüber nachzudenken. Wenn ich im Namen Jesu zu Gottes Thron komme, mit einem »Scheck«, der auf die unerschöpflichen Reichtümer Christi ausgestellt ist, dann erwartet Gott, dass ich mich als würdiger Empfänger erweise. Nicht »würdig« in dem Sinn, dass ich mir irgendetwas von dem allmächtigen, heiligen, souveränen Gott verdienen oder etwas beanspruchen könnte – aber »würdig« in dem Sinn, dass ich das, was ich von ihm empfange, nicht zu meiner Ehre oder zu meinem Vorteil suche, sondern allein zu Gottes Ehre.

Ansonsten werde ich beten und nichts empfangen. *»Ihr bittet und bekommt es nicht, weil ihr in böser Absicht bittet, um es in euren Lüsten zu vergeuden.«* [1]

Gott wird keinem seiner Kinder etwas geben, das ihn aus falscher Motivation um etwas bittet. Ist nicht das der

---

1 - *Jakobus 4,3*

Hauptgrund, warum so viele Gebete wirkungslos bleiben? Christi Name ist die Offenbarung seines Wesens.

»In Jesu Namen« beten bedeutet, etwas seinem Wesen entsprechend erbitten, sozusagen als ein durch ihn gesandter Stellvertreter. Es bedeutet, in seinem Geist und nach seinem Willen zu beten, seine Zustimmung für unsere Bitten zu haben. Es bedeutet, zu suchen, was er sucht, und seine Hilfe zu erbitten, um tun zu können, was er getan haben möchte. Dabei wollen wir das nicht zu unserer eigenen Verherrlichung tun, sondern allein zu seiner Ehre.

Um »in Jesu Namen« bitten zu können, müssen unsere Interessen und Ziele mit den seinen übereinstimmen. Unser »Ich« mit seinen Zielen und Wünschen muss völlig von Gottes Geist kontrolliert sein, damit unser Wille in völliger Übereinstimmung mit dem Willen Christi ist.

Wir müssen so eingestellt sein wie Augustinus, als er ausrief: »O Herr, gewähre mir, dass ich deinen Willen tun kann, als ob es mein Wille wäre, sodass du meinen Willen tun kannst, als wenn es dein Wille wäre.«

Kommt dir das Beten »in Jesu Namen« als etwas Unmögliches vor? Das soll nicht so sein. Es ist nicht Gottes Absicht, uns zu verspotten! Als Jesus vom Kommen des Heiligen Geistes sprach, bezeichnete er diesen als den *»Tröster ..., den der Vater senden wird in meinem Namen ...«* [1] Unser Heiland hat jedem Gläubigen seiner Gemeinde den Heiligen Geist gegeben, damit dieser uns regiert und wir in Jesu Namen handeln können. *»Denn alle, die durch den Geist Gottes geleitet werden, die sind Söhne Gottes.«* [2] Und nur Kinder können sagen: *»Unser Vater.«* [3]

Von Saulus von Tarsus sagte Jesus: *»Er ist mir ein auserwähltes Werkzeug, dass er meinen Namen zu den Heiden*

---

1 - Johannes 14,26 eÜ

2 - Römer 8,14

3 - vgl. Ebd. V. 15

und Königen bringe und vor dem Volk Israel verkünde!« [1] So sagt Paulus: »*Es gefiel Gott, ... dass er seinen Sohn in mir offenbarte.*« [2] Es gehört zu unserer Berufung, nicht nur »in Jesu Namen« zu beten, sondern auch seinen Namen vor den Menschen zu bezeugen. Und all dies ist davon abhängig, dass wir in Jesus bleiben und seine Worte in uns bleiben – denn alles ist von ihm, von seiner Gnade und seinem Wirken abhängig! Wir müssen uns also fragen: Ist unser Herz aufrichtig vor Jesus? Wenn nicht, so sind unsre Gebete vor Gott nutzlos.

Christus sagt: »*Wenn ihr in mir bleibt und meine Worte in euch bleiben, könnt ihr bitten, um was ihr wollt: Eure Bitte wird erfüllt werden.*« [3]

Die drei Verheißungen Jesu, die ich schon zuvor genannt hatte, drücken die gleichen Gedanken in verschiedenen Worten aus. Betrachten wir sie noch einmal näher:

»*Alles, worum ihr dann in meinem Namen bittet, werde ich tun, damit durch den Sohn die Herrlichkeit des Vaters offenbart wird. Wenn ihr mich in meinem Namen um etwas bitten werdet, werde ich es tun.*« [4]

»*Wenn ihr in mir bleibt und meine Worte in euch bleiben, könnt ihr bitten, um was ihr wollt: Eure Bitte wird erfüllt werden.*« [5]

»*Wenn ihr in mir bleibt und meine Worte in euch bleiben, könnt ihr bitten, um was ihr wollt: Eure Bitte wird erfüllt werden.*« [6]

---

1 - *Apostelgeschichte 9,15 eÜ*
2 - *vgl. Galater 1,15-16 eÜ*
3 - *Johannes 15,17 NGÜ*
4 - *Johannes 14,13-14 NGÜ*
5 - *Johannes 15,7*
6 - *Johannes 15,17 NGÜ*

Und der Apostel Johannes sagt uns: *»Wenn wir ihn um etwas bitten, was seinem Willen entspricht, erhört er uns.«* [1]

Das alles können wir zusammenfassen mit den Worten: *»[Wir] werden alles bekommen, was wir von ihm erbitten; denn wir befolgen seine Gebote und tun das, was ihm gefällt.«* [2] Wenn wir tun, was in Jesu Willen ist, dann tut er, worum wir ihn bitten! Höre auf Gott, und Gott wird auf dich hören. Damit verleiht uns der Herr eine unglaubliche Autorität. Welch ein Wunder ist das! Wie groß sollte unser Verlangen sein, seinen Willen zu suchen, zu erkennen und auch zu tun!

Wäre es nicht seltsam, wenn wir durch Trägheit oder Egoismus diesen unerschöpflichen Reichtum verpassen würden? Wir wissen, dass Gottes Wille immer vollkommen gut und immer das Beste für uns ist, die wir ihn lieben! Wir wissen auch, dass Gott uns gerne segnen und uns zum Segen für andere gebrauchen möchte. Wir wissen, dass wir uns selbst und die Menschen, die wir lieben, verletzen, wenn wir unseren eigenen Sehnsüchten folgen und nur auf eigenen Gewinn aus sind. Wir wissen, dass uns Schreckliches erwartet, wenn wir uns von Gottes Willen abwenden. Warum vertrauen wir ihm dann nicht voll und ganz? Ist ein Leben in der Heiligung und im Gehorsam zu Gott nicht mehr wert als alle Schätze dieser Welt? Sehen wir nicht deutlich, dass unser Heiland, als er uns zum ewigen Leben berufen hat, uns auch gleichzeitig zur Abhängigkeit von ihm und zu einem geheiligten Leben berufen hat? *»Ihr sollt heilig sein«* [3], denn ohne Heiligung kann niemand den Herrn schauen und kein Gebet wirksam sein.

Wenn wir zugeben müssen, dass wir nie eine Antwort auf unsere Gebete bekommen, dann sprechen wir damit

---

1 - 1. Johannes 5,14 NGÜ
2 - 1. Johannes 3,22 NGÜ
3 - 1. Petrus 1,16a NGÜ

nicht das Urteil über Gott, seine Verheißungen oder die Macht des Gebets, sondern über uns selbst. Es gibt kaum eine ernsthaftere Prüfung für geistliches Leben als das Gebet. Wer versucht zu beten, wird sehr schnell entdecken, wie er zu Gott steht.

»Im Namen Jesu« zu beten muss »nach seinem Willen« sein. Aber wie können wir seinen Willen wissen? Nun, Paulus ermutigt uns doch mit den Worten: »Wir haben den Sinn Christi«[1] Also wird es uns doch wohl möglich sein, durch Gottes Geist geleitet auch Gottes Willen zu erkennen! Außerdem sollten wir uns daran erinnern, dass *»das Geheimnis des Herrn für die ist, die ihn fürchten«*.[2]

Aber wir dürfen nicht erwarten, dass Gott uns seinen Willen offenbart, solange es nicht unsere Absicht ist, seinen Willen zu tun. Das Erkennen des Willens Gottes und danach zu handeln gehören untrennbar zusammen. Wir neigen dazu, uns zwar zu wünschen, den Willen Gottes erkennen zu können, aber dann möchten wir selbst entscheiden, ob wir ihm gehorchen wollen oder nicht. Eine solche Einstellung ist sehr schädlich.

Gottes Wille ist in seinem Wort, der Heiligen Schrift, uns offenbart. Wir dürfen sicher sein, dass alles, was er in seinem Wort verspricht, auch seinem Willen entspricht.

Du kannst ihn zum Beispiel vertrauensvoll um Weisheit bitten, denn er verspricht in seinem Wort: *»Wenn es aber jemandem an Weisheit mangelt, so bitte er Gott darum ... und sie wird ihm gegeben werden.«*[3] Um ein fruchtbares Gebetsleben führen zu können, ist es also nötig, Gottes Wort zu studieren, um Gottes Willen zu erkennen und ihn um Weisheit und Kraft zu bitten, das Richtige zu erkennen und es auch zu tun.

---

1 - 1. Korinther 2,16
2 - Psalm 25,14 eÜ
3 - Jakobus 1,5 eÜ

Zusätzlich zu dem wunderbaren Wort Gottes, seinen Verheißungen und dem machtvollen Gebet hat Gott uns auch seinen Geist als Helfer für unser Gebet gegeben: *»Ebenso kommt aber auch der Geist unseren Schwachheiten zu Hilfe. Denn wir wissen nicht, was wir beten sollen, wie sich's gebührt; aber der Geist selbst tritt für uns ein mit unaussprechlichen Seufzern. Der aber die Herzen erforscht, weiß, was das Trachten des Geistes ist; denn er tritt so für die Heiligen ein, wie es Gott entspricht.«* [1]

Sind das nicht tröstliche Worte? Unwissenheit und Hilflosigkeit im Gebet müssen kein Hindernis sein! Nein, sie können sogar ein Segen werden, wenn sie uns bewusst machen, wie sehr wir auf Gottes Geist angewiesen sind. Gelobt sei unser Gott und der Name Jesu Christi! Wir haben keine Entschuldigung. Wir müssen beten, und wir können beten!

Ich möchte noch einmal daran erinnern, dass der Herr Jesus versprochen hat, dass der himmlische Vater den Heiligen Geist denen geben wird, die ihn darum bitten [2] – und jede andere »gute Gabe« ebenso! [3]

Vermutlich hast du Gott sehr oft um etwas gebeten. Sicherlich hast du schon häufig deine Schwachheit und Lauheit vor Gott bekannt und ihn um Hilfe angefleht. Aber hast du auch wirklich »in Jesu Namen« gebetet?

Gerade wenn wir versagt haben und nicht wissen, »was wir beten sollen« oder »wie sich's gebührt«, wird uns der Heilige Geist als Helfer verheißen!

Lohnt es sich also nicht, sein ganzes Vertrauen allein auf Gottes Gnade zu setzen? Ein halbherziger Christ, oder einer, der versucht durch eigene Leistungen oder aufgrund eigener Gerechtigkeit etwas von Gott zu erhalten, ist so-

---

1 - Römer 8,26-27
2 - vgl. Lukas 11,13
3 - vgl. Matthäus 7,11

wohl für Gott als auch für Menschen von geringem Nutzen. Gott wird ihn auf dieser Grundlage nicht gebrauchen wollen, und auch die Menschen haben keine Verwendung für ihn, sondern halten ihn entweder für einen Heuchler oder verabscheuen seinen Hochmut. Dasselbe gilt, wenn wir in unserem Leben an der Sünde festhalten; denn ein bewusstes Festhalten an der Sünde wird uns die Freude an Gott rauben, es wird uns die Zuversicht nehmen, mit der wir vor seinen Thron treten sollen; es führt uns zum Scheitern und Gott wird uns nicht gebrauchen, denn sein Wort sagt: *»Wer sein Ohr abwendet vom Hören auf das Gesetz, dessen Gebet ist sogar ein Greuel.«*[1]

Ich wünsche mir, dass jeder durch diese Betrachtungen einen neuen Blick für die Gnade und Herrlichkeit unseres Herrn Jesus Christus bekommt. Wir sind berufen, ihn zu verherrlichen. Er hat sich selbst für uns geopfert, um seine Herrlichkeit mit uns zu teilen. Sollten wir Ihn da nicht in Ehrfurcht und Wahrheit anbeten und eifrig und ernsthaft rufen: »Was soll ich tun, Herr?«[2], um es dann in der Macht seiner Stärke zu tun?

Als Paulus dem auferstandenen Retter erschien, war seine erste Frage an Jesus: *»Was soll ich tun, Herr?«*[3] Die Antwort finden wir in vielen seiner Briefe. So teilt er zum Beispiel den *»Gläubigen an jedem Ort«* mit, was sie für ihn bedeuten und was sie einander bedeuten sollen: *»Geschwister, ihr seid von Gott erwählt, ihr gehört zu seinem heiligen Volk, ihr seid von Gott geliebt. Darum kleidet euch nun in tiefes Mitgefühl, in Freundlichkeit, Bescheidenheit, Rücksichtnahme und Geduld. Geht nachsichtig miteinander um und vergebt einander, wenn einer dem anderen etwas vorzuwerfen hat. Genauso, wie der Herr euch vergeben hat,*

---

1 - Sprüche 28,9
2 - vgl. Apostelgeschichte 22,10
3 - Ebd.

sollt auch ihr einander vergeben. Vor allem aber bekleidet euch mit der Liebe; sie ist das Band, das euch zu einer vollkommenen Einheit zusammenschließt. Der Frieden, der von Christus kommt, regiere euer Herz und alles, was ihr tut! Als Glieder eines Leibes seid ihr dazu berufen, miteinander in diesem Frieden zu leben. Und seid voll Dankbarkeit gegenüber Gott! Lasst die Botschaft von Christus bei euch ihren ganzen Reichtum entfalten. Unterrichtet einander in der Lehre Christi und zeigt einander den rechten Weg; tut es mit der ganzen Weisheit, die Gott euch gegeben hat. Singt Psalmen, Lobgesänge und von Gottes Geist eingegebene Lieder; singt sie dankbar und aus tiefstem Herzen zur Ehre Gottes. Alles, was ihr sagt, und alles, was ihr tut, soll im Namen von Jesus, dem Herrn, geschehen, und dankt dabei Gott, dem Vater, durch ihn.« [1]

Nur wenn alles, was wir tun, in seinem Namen geschieht, wird er auch alles tun, was wir in seinem Namen erbitten.

---

1 - Kolosser 3,12-17 NGÜ

❁ 7 ❁

MÜSSEN WIR UNS ABQUÄLEN?

Die Wirksamkeit eines Gebets kann weder nach der dafür aufgebrachten Zeit bemessen werden noch danach, mit wie viel Enthusiasmus gebetet wird. Manche ernsthafte Christen, die Biografien wie die von John Hyde lesen, fragen sich ängstlich: »Erwartet Gott von mir, dass ich genauso bete?«

Sie hören von Christen, die ganze Tage oder Nächte auf ihren Knien vor Gott ausharren, die weder essen noch schlafen, während sie nichts anderes tun als beten und beten und beten, und dann möchten sie natürlich wissen: »Sollte ich dasselbe tun? Muss jeder Christ ein solches Gebetsleben vorweisen können?« Wer so denkt, der sollte daran denken, dass diese fleißigen Männer und Frauen nicht das Ziel hatten, Rekorde aufzustellen oder ein festgesetztes Zeitmaß im Gebet zu erreichen. Sie verbrachten so viel Zeit im Gebet, weil sie einfach nicht aufhören konnten zu beten. Ich kann verstehen, dass manche Leser glauben, dass ich mit den vorhergehenden Kapiteln andeuten wolle, dass jeder dem Beispiel solcher Vorbilder folgen müsste. Das ist aber nicht der Fall. Kein Christ sollte sich von einem solchen Gedanken unter Druck setzen oder Furcht einjagen lassen. Gott erwartet einfach von uns, dass wir bereit sind zu tun, was ER von uns will, wozu ER den Einzelnen aufruft. *»Denn es wird von einem Haushalter nur verlangt, dass er treu ist.«*[1] Denke darüber nach und bete darüber. Jesus fordert uns auf, zu unserem uns liebenden himmlischen Va-

1 - 1. Korinther 4,2

ter zu beten. Singen wir nicht häufig von der großen Liebe Gottes? Einer Liebe, die wir niemals ermessen können!

Das Gebet ist keine Last, die wir auf uns nehmen sollen, sie ist auch keine lästige Pflicht, die wir zu erfüllen haben. Vielmehr soll es für uns Freude und ein Mittel für unbegrenzte Kraft sein. Gott hat uns das Gebet gegeben, *»damit wir Barmherzigkeit erlangen und Gnade finden zu der Zeit, wenn wir Hilfe benötigen!«*[1] Und wer könnte behaupten, dass nicht jeder Tag für uns eine Zeit ist, in der wir Hilfe benötigen. Wenn die Bibel uns auffordert zu beten, dann ist dies viel eher eine Einladung, der wir folgen sollen als ein Befehl, dem wir gehorchen müssen. Ist es für ein Kind etwa eine Last, zu seinem Vater zu kommen, um ihn um etwas zu bitten? Ein guter Vater liebt sein Kind und wünscht ihm immer das Beste! Er schützt es vor Sorgen, Schmerzen und Leid! Unser himmlischer Vater liebt uns unendlich mehr als irgendein irdischer Vater. Der Herr Jesus liebt uns unendlich mehr als irgendein irdischer Freund. Gott möge mir vergeben, wenn ich irgendeinen falschen Eindruck über eine so wertvolle Sache wie das Gebet vermitteln würde, und somit das Herz oder Gewissen einer seiner Kinder belaste, das sich danach sehnt, mehr über das Gebet zu erfahren. »Unser himmlischer Vater weiß ...«, sagt uns der Herr Jesus; und wenn er das sagt, dann dürfen wir ruhig vertrauen und müssen uns nicht fürchten.

Ein Lehrer weist einen Jungen vielleicht wegen vergessener Hausaufgaben oder wegen Zuspätkommens zurecht. Aber sein liebevoller Vater weiß besser Bescheid. Er kennt den Jungen und weiß, wie sehr er sich zuhause engagiert, wie sehr er sich um andere kümmert, die krank sind oder weniger besitzen als er. Unser guter und vollkommener Vater im Himmel weiß ebenso genau über jeden von uns Bescheid. Er kennt uns und weiß um unsere Schwächen,

---

1 - Hebräer 4,16

wie wenig Kraft manche von uns für längere Gebetszeiten haben. Manchen von uns schenkt Gott mehr Zeit als anderen. Manchen mutet er eine Zeit der Krankheit zu, damit sie Zeit finden für intensiveres Gebet[1] und damit wir lernen, zu ihm aufzuschauen. Aber selbst dann kann körperliche Schwachheit uns noch von längeren Gebeten abhalten. Dennoch frage ich mich – so verständlich unsere Entschuldigungen auch sein mögen – ob uns das Gebet denn auch wichtig genug ist. Manche von uns befinden sich in einer Position oder Situation, die von ihnen verlangt, viel zu beten. Denken wir an Gemeindeleiter und Pastoren, die Verantwortung für das geistliche Wohlergehen und die Erziehung anderer haben. Solche mag Gott davor behüten, dass sie sich gegen den Herrn versündigen, indem sie zu wenig für die ihnen Anbefohlenen beten.[2]

Manchmal ist es einfach unsere Aufgabe – vielleicht sogar unsere Lebensaufgabe – zu beten. Vielleicht haben wir Freunde, die noch nicht durch den Glauben an Jesus gerettet sind. Für sie können wir nur beten. Wenn wir uns um Menschen und deren Errettung sorgen, werden wir niemals fragen: »Wie lange soll ich beten?«

Aber wie gut kennen wir die Schwierigkeiten, die unser Gebetsleben und auch das vieler anderer Gläubigen bedrohen! Während ich diese Zeilen schreibe, liegt ein kleiner Stapel Briefe vor mir. Sie sind zwar voller Entschuldigungen, freundlicher Einwände und Begründungen, aber sind sie nur deshalb geschrieben? Nein! Der Grund für diese Briefe ist ein anderer: In jedem steckt ein Unterton tiefer Sehnsucht danach, Gottes Willen zu erkennen und die Frage, wie man dem Aufruf zum Gebet trotz all der Herausforderungen des Alltags folgen könne.

Manche dieser Briefe sind von Menschen geschrieben,

---

1 - vgl. Psalm 23,2
2 - vgl. 1. Samuel 12,23

die keine Möglichkeit haben, sich zurückzuziehen und Stille für das persönliche Gebet zu finden – von Studenten, die ihren Schlafraum mit anderen teilen müssen, von Müttern und Hausfrauen, die sich um ihre Kinder und den Haushalt kümmern müssen, die schier endlose Wäscheberge zu bewältigen haben, Essen kochen, nähen und putzen, die Einkäufen und Besorgen erledigen, von Arbeitern, die abends zu erschöpft sind zum Beten …

Kind Gottes, unser himmlischer Vater weiß das alles. Er ist kein Aufseher. Er ist unser Vater. Wenn du keine Zeit für das Gebet oder keine Gelegenheit für das persönliche Gebet hast, warum solltest du ihm das nicht einfach sagen? – Du wirst dabei entdecken, dass du betest!

Ich möchte jeden, der scheinbar keine Möglichkeit zum Alleinsein findet, der nicht einmal die Gelegenheit hat, sich für einen kurzen Augenblick ins Gebet zu flüchten, auf das wunderbare Gebetsleben des Paulus hinweisen. Hast du jemals daran gedacht, dass er sich im Gefängnis befand, als er die meisten seiner Briefe und die darin enthaltenen Gebete aufschrieb? Wir wollen ihn uns einmal vorstellen. Er war Tag und Nacht an einen römischen Soldaten gekettet und deshalb keinen Augenblick allein. Zeitweise waren Epaphras und vermutlich auch Lukas dort und erlebten etwas von der Leidenschaft des Paulus zum Gebet. Was muss das für eine Gebetsversammlung gewesen sein! Sie hatten keine Gelegenheit für ein stilles Gebet im Verborgenen. Aber wie viel haben wir diesen gefesselten zum Gebet erhobenen Händen zu verdanken! Auch wenn du und ich nie oder nur selten alleine wären, so sind doch unsere Hände nicht gefesselt, genau so wenige wie unsere Herzen und unsere Lippen. Ist es möglich, Zeit fürs Gebet zu finden? Ich kann mir nicht vorstellen, dass Gott möchte, dass wir so viel Zeit im Gebet verbringen, bis wir unsere körperliche Gesundheit durch mangelnde Nahrung oder ungenügend Schlaf schädigen. Vielen ist es aufgrund körperlicher Schwäche unmöglich, lange in intensivem Gebet zu verharren.

Dabei geht es mir nicht um die äußere Haltung beim Beten. Gott wird auf unsere Gebete hören, ob wir knien, stehen, sitzen, gehen oder arbeiten.

Ich weiß, manche haben durch eigene Erfahrungen herausgefunden, dass Gott häufig denen besondere Kraft schenkt, die z. B. morgens früher aufstehen, um mehr zu beten. Eine Zeit lang habe auch ich es versucht – und zwar jeden Morgen –, um zu beten und mit Gott Gemeinschaft zu haben. Nach einiger Zeit stellte ich aber fest, dass meine Kraft und auch meine Arbeit darunter litten und dass es mir im Gegenzug schwer fiel, abends wach zu bleiben! Es gibt kein Gesetz für Gebetszeiten und Gebetsdauer. Doch die Frage ist: Wollen wir beten? Und wenn ja, beten wir so viel, wie wir wollen?

Für mich ist es ein ständiges Ärgernis, dass ich meine Jugendzeit und meine Kraft verstreichen ließ, ohne die frühen Morgenstunden für das Gebet genutzt zu haben.

Die von Gott inspirierte Aufforderung: *»Betet beständig!«*[1] dürfte wohl klar genug sein. Unser Herr fordert uns auf, allezeit zu beten und nicht nachzulassen.[2] Dies kann nicht bedeuten, dass wir unser Leben ohne Pause auf unseren Knien verbringen sollten. Ich bin davon überzeugt, Gott will nicht, dass wir unsere übrigen Pflichten, unsere Arbeit und Familie vernachlässigen, um zu beten. Aber trotzdem wissen wir, dass wir besser und mehr arbeiten und unserer Familie mehr zum Segen werden könnten, wenn wir mehr Zeit fürs Gebet aufbringen würden.

Wir sollen nicht träge sein in dem, was wir tun sollen[3] – vielmehr sagt Paulus: *»Wir ermahnen euch aber, Brüder,*

---

1 - *1. Thessalonicher 5,17 eÜ*
2 - *vgl. Lukas 18,1*
3 - *vgl. Römer 12,11*

reichlicher zuzunehmen und eure Ehre dareinzusetzen, still zu sein und eure eigenen Geschäfte zu tun und mit euren Händen zu arbeiten, so wie wir euch geboten haben, damit ihr anständig wandelt gegen die draußen und niemanden nötig habt.« [1] und *»Wenn jemand nicht arbeiten will, soll er auch nicht essen!«* [2]

Aber es gibt im Laufe eines Tages viele Gelegenheiten, sich im Gebet an den himmlischen Vater zu wenden. Nutzen wir doch die Gelegenheit, schon morgens früh, wenn wir die Augen öffnen, unseren Herrn und Erlöser zu preisen und anzubeten! Für den Christen ist jeder Tag ein Grund des Lobpreises. Wir können beten, während wir uns anziehen. Vielleicht ist es nötig, dass wir uns selbst daran erinnern. Kleben wir zum Beispiel einen Zettel an den Spiegel mit der Mahnung: »Bete ohne Unterlass.« Oft haben wir die Möglichkeit, zwischen den einzelnen Aufgaben zu beten. Manche von uns können sogar während der Arbeit beten – beim Waschen und Schreiben, Flicken und Einkaufen, Kochen und Putzen – und vielleicht wird es dann noch viel besser gehen.

Hast du schon einmal beobachtet, dass Kinder sehr viel besser spielen, wenn der Vater oder die Mutter sie beobachten? Kann es dann nicht auch für uns eine Hilfe sein daran zu denken, dass unser Herr Jesus immer bei uns ist und uns beobachtet? Aber nicht nur das, er hilft uns auch. Schon allein das Bewusstsein, dass er mich achtet, stärkt in mir das Bewusstsein seiner Kraft in uns.

Ich bin der Meinung, dass Paulus diese Art ständigen Gebets im Sinne hatte, und nicht festgesetzte Gebetszeiten, als er sagt: *»Der Herr ist nahe! Sorgt euch um nichts; sondern in allem lasst durch Gebet und Flehen mit Dank-*

---

1 - 1. Thessalonicher 4,10-12
2 - 2. Thessalonicher 3,10

sagung eure Anliegen vor Gott kundwerden.«[1] Bedeutet *»in allem«* nicht, dass so, wie eines nach dem anderen auf uns zukommt, Augenblick um Augenblick, wir Jesus mit einbinden dürfen und ihn als den preisen, der uns ständig nahe ist? Warum sollten wir den Hinweis von Paulus *»Der Herr ist nahe!«* nur auf die Wiederkunft Jesu beziehen und nicht auf jeden einzelnen Tag?

Sir Thomas Browne, ein bekannter Arzt, hatte ein sehr intensives Gebetsleben. Er legte das Gelübde ab, an jedem Ort zu beten, wo er die Stille dazu fände; in jedem Haus, auf jeder Landstraße und jedem Weg. Es sollte keine Straße in der ganzen Stadt, kein Dorf und kein Haus geben, die bezeugen müssten, dass er seinen Gott vergessen habe. Jedes Mal, wenn er auf seinen Wegen an einer Kirche vorbei ritt, wollte er die Gelegenheit zum Gebet nutzen. Er wollte täglich und namentlich für seine Kranken beten, ja auch für die Kranken, die er nicht persönlich kannte, wer immer auch sie betreuen würde. Wenn er das Haus eines Kranken betrat, sprach er: »Friede und Barmherzigkeit Gottes sei mit diesem Hause.« Nach jeder gehörten Predigt bat er um Segen für den Prediger und die Zuhörer.

Ich wage zu zweifeln, dass ein solches eingewöhntes Gebetsleben überhaupt möglich ist, *wenn* wir nicht festgesetzte Gebetszeiten haben, seien sie kurz oder lang. Ich habe schon vorher darauf hingewiesen, dass Beten so einfach ist, wie wenn ein kleines Kind seinen Vater um etwas bittet. Diese einfache Erklärung dürfte uns eigentlich schon ausreichen, wenn nicht der Teufel alles daran setzen würde, um unserem Gebetsleben Steine in den Weg zu legen und unser Vertrauen in Gott zu schwächen. Für gewöhnlich geschieht dies, indem er die in uns wohnende Sünde mit Gedanken anreizt, in denen es um die Erfüllung unserer eigenen Bedürfnisse geht; indem er Zweifel daran weckt,

---

1 - Philipper 4,6

ob der Gott, zu dem wir beten, auch wirklich ein liebender Vater ist, der allein genügend ist und uns versorgt. Der Teufel will, dass wir mehr an die Gabe als an den Geber denken. Kaum beten wir: »O Gott, segne meinen Bruder«, schon sind unsere Gedanken bei dem Bruder, seinen Angelegenheiten und Schwierigkeiten, und das Gebet hört auf!

Wie sehr können uns die Sünde und der Teufel hindern, unsere Gedanken auf Gott zu konzentrieren! Das ist auch der Grund, weshalb es so wichtig ist, dass wir Gottes Charakter durch sein Wort genau kennenlernen, damit wir uns Gottes Herrlichkeit, Kraft und Gegenwart bewusst machen, bevor wir ein Anliegen vor ihn bringen. Aber genau das ist das Hauptziel Satans: das Vertrauen auf Gott zu schwächen und unsere aufrichtigen Gebete zu verhindern. Was ihm jedoch gefällt sind solche, die zum Schein lange Gebete sprechen und hinterher nicht wissen, was sie eigentlich von Gott erbitten wollten.

Der hervorragende Londoner Prediger John Gill sagte einmal: »Gott möchte, dass wir weder seine noch unsere Zeit mit langen Gebeten vergeuden. Wir müssen sparsam sein in unserem Umgang mit Gott, ihm klar und deutlich sagen, was wir wollen, um dann im Vertrauen auf seine Güte und Weisheit zu ruhen.«

»Aber«, könnte jemand entgegnen, »glaubst du, das Gebet sei nur dazu da, um Gott unsere Bedürfnisse zu sagen? Denn wenn das alles ist, dann brauchen wir kein Gebet, denn unser himmlischer Vater weiß, was wir benötigen, ehe wir ihn darum bitten!«

Wir wissen aber, dass Christus selbst lange Gebete verurteilte.[1] Aber es waren lange Gebete aus Heuchelei und zum Schein. Glaube mir, dass der Herr Jesus genauso viele lange Gebete verurteilen würde, die jede Woche in unseren Gebetsversammlungen gesprochen werden – Gebete,

---

1 - vgl. Matthäus 23,14; Lukas 20,47

die voller Worte aber ohne Inhalt sind, und die mit der Entschuldigung enden, Gott wolle dieses »schwache Seufzen« und die »unwürdigen Worte« hören.

Gott wird kein langes Gebet verurteilen, das aufrichtig ist. Schließlich hat unser Herr ganze Nächte im Gebet verbracht, auch wenn wir nicht wissen, wie häufig dies geschah.[1] Manchmal stand er früh am Morgen auf, ging an einen einsamen Ort und betete.[2] Er, der vollkommene Gottessohn, verbrachte mehr Zeit im Gebet als wir. Ich zweifle nicht daran, dass Gläubige, die nachts oder früh morgens mit Gott im Gebet verbrachten auch Tage voller Kraft erlebten. In unserer Unwissenheit könnten wir leicht auf den Gedanken kommen, Jesus suche eine Entschuldigung für mangelndes Gebet, da sein Auftrag so dringend ist und die Zeit so begrenzt. Aber das Gegenteil ist der Fall: Wir finden ihn nach einem seiner arbeitsreichen Tage, auf dem Höhepunkt seiner Beliebtheit, als jeder seine Nähe und seinen Rat suchte, da wandte er allen den Rücken zu und zog sich auf einen Berg zurück, um zu beten. [3]

Einmal wird uns berichtet: »Die Nachricht von ihm breitete sich umso mehr aus; und große Volksmengen kamen zusammen, um ihn zu hören und durch ihn von ihren Krankheiten geheilt zu werden.« Und wir lesen: »Er aber ging an einen einsamen Ort und betete.« [4] Warum? Weil er wusste, dass sein Gebet in diesem Moment viel mehr ausrichten würde als seine Wunder.

Wir sagen, wir hätten zu viel Arbeit, um beten zu können. Bei Jesus sehen wir aber, dass er umso mehr betete, je beschäftigter er war. Manchmal fand er nicht einmal die Zeit, um essen zu können oder ausreichend Ruhe zum

---

1 - *Die Evangelien berichten uns von einem Ereignis in Lukas 6,12. Andere längere Gebete Jesu werden angedeutet, wie z. B. in Matthäus 14,23.*

2 - *vgl. Markus 1,35*

3 - *vgl. Matthäus 14,23*

4 - *Lukas 5,15+16*

Schlaf.[1] Aber immer nahm er sich Zeit zum Gebet. Wenn für unseren Heiland häufiges Gebet und manchmal auch langes Gebet nötig waren, sollte dies dann für uns weniger nötig sein?

Ich schreibe es nicht, um jemanden von meiner Meinung zu überzeugen; das wäre eine armselige Angelegenheit. Es geht mir vielmehr um die Wahrheit.

Ch. H. Spurgeon sagte einmal:

»Es hat keinen Wert, wenn wir auf den Busch klopfen und dann dem Herrn nicht deutlich sagen, was wir aus seinen Händen fordern. Auch gehört es sich nicht, schöne Worte zu machen. Lasst uns Gott vielmehr in der einfachsten und deutlichsten Weise um die Dinge bitten, die wir wünschen ... Ich glaube an ›Geschäftsgebete‹. Ich meine damit Gebete, in denen wir eine der vielen Verheißungen, die Gott uns in seinem Wort gegeben hat, vor ihn bringen in der Erwartung, dass sie so gewiss eingelöst wird, wie wir für einen Scheck auf der Bank Geld bekommen. Wir würden doch nie daran denken, dorthin zu gehen, uns über den Schaltertisch zu lehnen und mit dem Bankbeamten über alles Mögliche zu reden, nur nicht über das, wozu wir gekommen sind, um dann wieder wegzulaufen ohne das Geld, das wir brauchen. Vielmehr würden wir dem Beamten die Anweisung vorlegen, nach der dem Überbringer eine gewisse Summe auszuzahlen ist, und würden ihm dann sagen, wie wir die Summe ausbezahlt haben wollen. Wenn wir die Summe erhalten hätten, gingen wir unseres Weges, um eine andere Arbeit zu erledigen. Das ist eine genaue Illustration der Methode, nach welcher wir Hilfe von der Himmelsbank erlangen.«

Treffender kann man es nicht ausdrücken!

Also lasst uns unter allen Umständen klar und ent-

---

1 - vgl. Markus 3,20; 6,31

schieden sein in unseren Gebeten. Vor allem lasst uns alle Redegewandtheit beiseitelegen – falls wir dazu neigen –, alles unnötige »Geplapper« vermeiden und vielmehr im Vertrauen zu Gott kommen, mit der schlichten Erwartung, dass wir von ihm auch etwas empfangen werden.

Wir dürfen jedoch nicht vergessen, dass die Sünde in uns und der Satan als unser Widersacher versuchen werden, unsere Gebete zu verhindern. Wenn wir damit zufrieden sind, Gott nur einmal um etwas zu bitten, das er uns entweder verheißen hat oder das wir meinen zu benötigen, dann wäre dieses Buch nie geschrieben worden. Sollten wir Gott etwa niemals wiederholt um etwas bitten? Ich weiß zum Beispiel, dass Gott nicht den Tod des Sünders will. Also flehe ich ihn im Gebet so lange um die Bekehrung eines Freundes oder Verwandten an, bis ich eine Antwort erhalte! Georg Müller betete sechzig Jahre teils mehrmals täglich um die Bekehrung eines Freundes.

Welches Licht wirft die Bibel auf diese Art des Gebets, die Spurgeon ›Geschäftsgebete‹ nennt?

Unser Herr gab uns zwei Gleichnisse, um uns Beharrlichkeit und Ausdauer im Gebet beizubringen. Zum einen der Mann, der seinen Freund zur Mitternacht um drei Laib Brot bat, bekam soviel, wie er brauchte »wegen seiner Beharrlichkeit« (wörtlich: »Unverschämtheit«).[1] Und zweitens die Witwe, die dem Richter mit ihrem ständigen Kommen so viel Mühe machte, dass sie letztendlich das bekam, worum sie ihn bat. Unser Herr fügt hinzu: »Sollte da Gott nicht erst recht dafür sorgen, dass seine Auserwählten, die Tag und Nacht zu ihm rufen, zu ihrem Recht kommen, selbst wenn er sie zunächst noch warten lässt?«[2]

Wie sehr freute sich der Herr Jesus über die kanaanäische Frau, die seine Zurückweisung nicht akzeptieren woll-

---

1 - *vgl. Lukas 11,8*
2 - *Lukas 18,7 NGÜ*

te! Wegen ihrer wiederholten Bitte sagte er schließlich: *»O Frau, dein Glaube ist groß; dir geschehe, wie du willst! Und ihre Tochter war geheilt von jener Stunde an.«* [1] Und selbst der Herr hielt es bei seinem Todeskampf in Gethsemane für nötig, sein Gebet zu wiederholen: *»Und er ließ sie, ging wieder hin, betete zum dritten Mal und sprach dieselben Worte.«* [2] Auch Paulus, den Apostel des Gebets, bat Gott ein ums andere Mal, ihm den Pfahl aus dem Fleisch zu nehmen: *»Dreimal habe ich deswegen zum Herrn gebetet, er möge von mir ablassen.«* [3]

Gott kann uns unsere Bitten nicht immer sofort erfüllen. Manchmal sind wir nicht geeignet, das Erbetene zu empfangen. Manchmal sagt er »Nein«, um uns etwas weit Besseres zu geben. Denken wir an die Zeit, als Petrus im Gefängnis saß. Wenn unser Kind unrechtmäßig eingekerkert wäre und jeden Augenblick den Tod erwarten müsste, würden wir uns damit zufriedengeben, ein einmaliges »geschäftsmäßiges« Gebet zu sprechen? Oder würden wir nicht sehr viel mehr und ernsthafter beten? So, wie die Gemeinde für Petrus betete: *»Die Gemeinde aber betete unablässig für ihn zu Gott.«* [4] Beim Bibelstudium können wir feststellen, dass ein Übersetzer »unablässig« sagt, wo die anderen »ernsthaft« übersetzen. Dr. Torrey stellt fest, dass keine dieser Übersetzungen die ganze Kraft des griechischen Ausdrucks erreicht. Der Ausdruck bedeutet wörtlich »angespannt« oder »angestrengt«. Er beschreibt die Seele in der Spannung ernstesten und intensivsten Verlangens. Intensive Fürbitte wurde für Petrus getan. Dasselbe Wort wird für unseren Herrn in Gethsemane verwendet: *»Und er war in ringendem Kampf und betete* ***inbrünstiger****; sein Schweiß*

---

1 - Matthäus 15,28
2 - Matthäus 26,44
3 - 2. Korinther 12,8 eÜ
4 - Apostelgeschichte 12,5 eÜ

wurde aber wie Blutstropfen, die auf die Erde fielen.« [1]

Das war ernstes Ringen, ja ein Todeskampf im Gebet. Wie steht es da um unsere Gebete? Kennen wir es, im Gebet zu ringen? Manche der von Gott erwählten Heiligen würden sagen: »Nein!« – Sie fürchten, dass ein solches Ringen mit einem Mangel an Gottvertrauen zusammenhänge. Aber wir sind mit Christus gekreuzigt und mit ihm auferstanden. Sollten wir da kein intensives Verlangen danach haben, dass Menschen Christus erkennen und gerettet werden?

Kommen wir zurück zu unserer menschlichen Erfahrung. Kann irgendetwas eine Mutter davon abhalten, im Gebet für ihr Kind zu ringen, das in Sünde lebt? Ich frage mich ernsthaft, ob ein Mensch wirklich ein Herz für verlorene haben kann – und eine Leidenschaft für Christus –, ohne dass ihn dies zu intensivem Gebet verleitet?

Müssen wir denn nicht wie John Knox ausrufen: »O Gott, gib mir Schottland – oder ich sterbe!« Auch hier gibt uns die Bibel eine Antwort: Wie sehr war Mose von tiefer Liebe zu Gott und zu seinem Volk getrieben, als er Gott bat: *»Ach! Das Volk hat eine große Sünde begangen, dass sie sich goldene Götter gemacht haben! Und nun vergib ihnen doch ihre Sünde; wenn aber nicht, so tilge mich aus deinem Buch, das du geschrieben hast!«* [2] Und war es nicht derselbe Kampf, den Paulus ausfocht, als er sagte: *»Ich wünschte nämlich, selber von Christus verbannt zu sein für meine Brüder ...«* [3]

Wir dürfen unter allen Umständen wissen, dass derselbe Herr, der über Jerusalem weinte und der *»sowohl Bitten als auch Flehen mit lautem Rufen und Tränen ... dar-*

---

1 - *Lukas 22,44*
2 - *2. Mose 32,32*
3 - *Römer 9,3*

brachte« [1] sicher antworten wird, wenn er uns über Sünder weinen sieht. Ich denke, wir können nicht ahnen, wie viel Segen uns in den Gemeinden entgeht, weil uns das Ringen im Gebet zu wenig bewusst und daher auch kaum praktiziert wird. O, wie sind unsere Herzen oft so kalt! Wie wenig sorgen wir uns um die Verlorenen! Sollten wir es wagen, diejenigen zu kritisieren, die sich um die Verlorenen sorgen? Sollte Gott ihnen das etwa verbieten?! Nein, denn Gott erwartet einen solchen Kampf im Gebet. Nicht weil Gott etwa nicht bereit wäre, uns zu erhören, sondern weil er möchte, dass wir dasselbe Herz an den Tag legen, wie Christus, dieselbe Gesinnung und daher auch dasselbe Leid für die Verlorenen und denselben Eifer für Gottes Reich. Wer von Jesus ergriffen ist, dem wird auch das Anliegen Jesu zum persönlichen Anliegen.

Gleichzeitig haben wir aber *»gegen die Herrschaften, gegen die Gewalten, gegen die Weltbeherrscher der Finsternis dieser Weltzeit, gegen die geistlichen Mächte der Bosheit in den himmlischen Regionen«* [2] zu kämpfen. Wir befinden uns »durch Christus« in denselben himmlischen Regionen,[3] und in Christus haben wir den Sieg errungen. Dennoch ist unser Leben, solange wir uns noch im »Fleisch« befinden, ein Ringen, ein Kampf darum, dass wir Satans Einflüsterungen nicht unterliegen, sondern uns auf Christus, unseren Retter, ausrichten. Das bedeutet sowohl jederzeit zu beten als auch zu wachen in aller Ausdauer und Fürbitte.[4]

In all diesen Herausforderungen ist es eine tröstende Tatsache, dass uns der Geist in unserer Schwachheit zu Hilfe kommt, wenn wir nicht wissen, was und wie wir beten

---

1 - Hebräer 5,7
2 - Epheser 6,12
3 - vgl. Epheser 1,3
4 - vgl. Epheser 6,18

sollen.[1] Wenn der Geist in uns betet, sollen wir dann nicht an seinem »Seufzen« im Gebet teilhaben? Und wenn unser Ringen im Gebet gleichzeitig auch unseren Körper schwächt, werden dann Engel kommen, um uns zu stärken, wie sie einst unseren Herrn stärkten?[2] Wir mögen vielleicht, wie Nehemia, weinen und fasten, wenn wir mit Gott im Gebet ringen.[3] »Aber«, mag jemand fragen, »offenbart die Sorge um die Sünde und das sehnliche Verlangen nach der Rettung anderer in uns nicht einen Mangel an Vertrauen gegenüber Gottes Verheißungen?« Nun, das kann vielleicht bei dem einen oder anderen der Fall sein. Aber es besteht kaum ein Zweifel daran, dass Paulus – zumindest manchmal – das Gebet als einen Kampf empfand.[4] In seinem Brief an die Christen in Kolossä sagt er: »*Ich will aber, dass ihr wisst, welch großen Kampf ich habe um euch und um die in Laodizea und um alle, die mich nicht von Angesicht gesehen haben, damit ihre Herzen ermutigt werden, in Liebe zusammengeschlossen und mit völliger Gewissheit im Verständnis bereichert werden, zur Erkenntnis des Geheimnisses Gottes, des Vaters und des Christus, in welchem alle Schätze der Weisheit und der Erkenntnis verborgen sind.*«[5] Zweifellos bezieht er sich hier auf seine Gebete für sie.

An einer anderen Stelle spricht er von Epaphras als einem, »*der allezeit in den Gebeten für euch kämpft, damit ihr fest steht, vollkommen und zur Fülle gebracht in allem, was der Wille Gottes ist.*«[6] Das hier gebrauchte Wort »kämpft« bedeutet soviel wie unser Wort »Agonie«. Es ist dasselbe Wort, das für unseren Heiland gebraucht wird, als er in Gethsemane mit dem Tode rang.

---

1 - vgl. Römer 8,26
2 - vgl. Lukas 22,43
3 - vgl. Nehemia 1,4
4 - vgl. z. B. Römer 15,30
5 - Kolosser 2,1-3
6 - Kolosser 4,12

Und einen Vers später spricht Paulus davon, dass Epaphras »großen Eifer hat um euch«, damit ist gemeint, in seinen Gebeten. Paulus sah ihn dort in seinem Gefängnis beten und bezeugte sein ernsthaftes Ringen, mit dem er sich in langen, unermüdlichen Anstrengungen um die Kolosser und an anderen Orten mühte. Wie muss wohl der Wächter, an den Paulus gekettet war, gestaunt haben – ja, tief beeindruckt gewesen sein –, als er diese Männer in ihrem Gebet beobachtete. Ihr Reden, ihre Tränen, ihr ernstes Flehen, wenn sie ihre gefesselten Hände im Gebet aufhoben, all das muss für ihn eine Offenbarung gewesen sein!

Sicherlich forderte Paulus nichts von anderen, was er selbst nicht einhielt, wenn er die Christen in Ephesus und anderswo ermahnte, jederzeit zu beten *»mit allem Gebet und Flehen im Geist, und wacht zu diesem Zweck in aller Ausdauer und Fürbitte für alle Heiligen, auch für mich, damit mir das Wort gegeben werde, so oft ich meinen Mund auftue, freimütig das Geheimnis des Evangeliums bekannt zu machen, für das ich ein Botschafter in Ketten bin, damit ich darin freimütig rede, wie ich reden soll.«*[1] Diese Verse sind eine Darstellung von Paulus' eigenem Gebetsleben, dessen können wir uns sicher sein.

Häufig ist das Gebet ein Ringen. Dieses »Ringen« kann bedeuten, dass uns körperliche Müdigkeit oder Schmerzen, Gedanken oder Zweifel oder auch direkte geistliche Angriffe des Satans versuchen, unser Gebet zu behindern, wodurch wir gezwungen werden, uns an Gott festzuhalten und ihm blind zu vertrauen. Ich befürchte allerdings, dass nur sehr wenige von uns im Gebet ringen. Es ist sehr wichtig für uns selbst und für andere, dass wir niemals an der Macht und am Reichtum der Gnade Gottes zweifeln.

Die Autorin Hannah Whitall-Smith erzählte einem

---

1 - Epheser 6,18-20

kleinen Kreis von Freunden kurz vor ihrem Tod von einem Vorfall aus ihrem eigenen Leben:

Eine Freundin, die sie gelegentlich für einige Tage besuchte, wurde ihr jedes Mal zu einer wahren Geduldsprobe. Vor jedem ihrer Besuche benötigte Hannah eine Menge Gebet. Eines Tages kündigte diese Freundin sogar an, eine ganze Woche zu bleiben! Voller Verzweiflung entschloss sich Hannah, die ganze Nacht hindurch zu beten, um sich für diese große Probe zu stärken. Also zog sie sich, ausgerüstet mit einem Teller Zwieback, in ihr Schlafzimmer zurück, um die Nacht auf ihren Knien vor Gott zu verbringen. Sie wollte Gott um Gnade bitten, dass sie während des Besuchs freundlich und liebevoll bleiben könne. Kaum hatte sie sich an ihrem Bett niedergekniet, da kamen ihr die Worte aus Philipper 4,19 in den Sinn: »*Mein Gott aber wird allen euren Mangel ausfüllen nach seinem Reichtum in Herrlichkeit in Christus Jesus.*« Mit einem Mal war all ihre Furcht verschwunden. Sie sagte: »Als mir das klar wurde, dankte ich Gott und pries ihn für seine Güte. Dann legte ich mich rasch zu Bett und schlief die ganze Nacht. Am nächsten Tag, als mein Gast erschien, konnte ich mich über seinen Besuch richtig freuen.«

Niemand kann starre Regeln für das Gebet festlegen. Hier kann uns allein Gottes gnädiger Heiliger Geist Augenblick um Augenblick leiten.

Wir wollen uns daran erinnern, dass das Gebet ein vielseitiges Thema ist. Bischof Moule sagte einmal: »Wahres Gebet kann sich auf vielseitigste Weise äußern.« Oft gilt:

Beten ist das stille Seufzen,
Eine Träne voller Weh;
Ein vertrauensvoller Aufblick
Ganz allein in Gottes Näh'.

Wir können einfach unsere Bitten vor Gott kund werden lassen.[1] Wir dürfen also nicht annehmen, dass Beten *immer* ein Kampf und ein Ringen sein muss. Denn wenn dem so wäre, würden viele von uns zu seelischen Wracks. Jeder Christ würde einen Nervenzusammenbruch erleben und früh sterben. Für viele von uns ist es schon allein körperlich unmöglich, längere Zeit in einer bestimmten Gebetshaltung zu verharren. Dr. Moule sagt:

»Wahres, sieghaftes Beten wird unaufhörlich ohne die geringste körperliche Anstrengung und Unruhe dargebracht. Oft gewinnt es in der tiefsten Stille von Leib und Seele den größten Einfluss. Aber es gibt auch eine andere Seite – Gebet darf nie als etwas Schlaffes und Oberflächliches angesehen werden, so schlicht und kindlich es auch sein mag. Schließlich ist das Gebet ja ein unendlich wichtiger Austausch zwischen Gott und Mensch. Und deshalb muss es sehr oft ... als Werk betrachtet werden, das Mühe, Ausdauer und Kampf in sich schließt, wenn es tatsächlich Gebet sein soll.«

Niemand kann hier dem anderen etwas vorschreiben. Wir sollten jeder nach seiner Überzeugung handeln, so, wie wir es für richtig halten zu beten. Unser Helfer, Leiter und Lehrer im Gebet ist niemand geringeres als der Heilige Geist Gottes! Lasst uns deshalb zuerst mit Liebe zu Gott, unserem Erretter, erfüllt sein, damit das Gebet zu jeder Zeit und an allen Orten sowohl Freude als auch Gnade für uns sein möge.

---

1 - vgl. Philipper 4,6

❁ 8 ❁

ERHÖRT GOTT IMMER UNSERE GEBETE?

Wir kommen zu einer der wichtigsten Fragen, die ein Christ stellen kann. Von der Antwort, die wir auf diese Frage geben, hängt viel ab. Wir wollen nicht davor zurückschrecken, sie offen und ehrlich zu beantworten. Erhört Gott immer unser Gebet? Selbstverständlich würden wir alle behaupten, dass Gott Gebet erhört – zumindest manchmal und manche Gebete. Aber erhört er immer? Gibt es für das Gebet eine absolute Zuverlässigkeit? Meine eigene tiefe Überzeugung ist: Ja, Gott erhört immer Gebet – meine Einschränkung ist: – wenn es ein aufrichtiges Gebet ist!

Manche sogenannten Gebete erhört Gott nicht, weil er sie nicht hören will. Als sein Volk sich gegen Gott auflehnte, sagte er: *»Und wenn ihr auch noch so viel betet, höre ich doch nicht ...«* [1] Warum verschloss Gott seine Ohren vor ihren Gebeten? Die Antwort gibt uns Gott noch in demselben Vers: *»... denn eure Hände sind voll Blut!«* [2]

Ein Gotteskind sollte erwarten, dass Gott seine Gebete hört und darauf antworten wird. Gott wird auf jedes Gebet seiner Kinder eine Antwort finden; und nicht ein einziges echtes Gebet wird seine Wirkung im Himmel verfehlen.

Und doch scheint die wundervolle Erklärung des Paulus: *»Denn alles gehört euch ... ihr aber gehört Christus*

---

1 - Jesaja 1,15
2 - Ebd.

an« [1] traurigerweise nichts mit der Realität gemein zu haben. Aber dieser Anschein ist ein Irrtum. Es stimmt: Alles gehört uns, aber viele von uns haben noch nicht das, was sie eigentlich schon besitzen.

Die Eigentümer von Mount Morgan in Queensland plagten sich viele Jahre hart auf ihren unfruchtbaren Abhängen. Sie schlugen sich kümmerlich durch, ohne zu ahnen, dass unter ihren Füßen eines der größten Goldvorkommnisse war, die die Welt je gesehen hatte. Ihnen gehörte ein unermesslicher Reichtum, aber unerkannt und daher auch ungenützt. Sie besaßen ihn und hatten ihn doch nicht.

Der Christ dagegen weiß von Reichtümern Gottes in der Herrlichkeit in Jesus Christus, aber er scheint nicht zu wissen, wie er sie erhalten kann.

Unser Herr sagt uns jedoch, dass jedem, der bittet, auch gegeben wird. Möge er uns allen doch das rechte Urteil in »Gebetsdingen« geben. Wenn ich behaupte, dass kein wahres Gebet unerhört bleibt, dann erhebe ich nicht den Anspruch darauf, dass Gott uns immer gerade das gibt, um das wir ihn gebeten haben. Haben wir denn schon einmal Eltern getroffen, die ihre Kinder so behandeln würden? Wir würden doch nie unserem Kind ein Stück rot glühender Kohle geben, auch wenn es noch so danach schreit! Reiche Eltern, die vernünftig sind, würden immer darauf achten, ihren Kindern nicht zu viel Taschengeld zu geben.

Wenn Gott uns alles gäbe, worum wir ihn bitten, warum sollten wir dann nicht auch an seiner Stelle die Welt regieren wollen? Jeder von uns müsste zugeben, dass wir dazu nicht fähig sind. Alles würde im Chaos enden!

Gottes Antwort auf unsere Gebete kann sowohl »Ja« als auch »Nein« sein. Sie kann aber auch »Warte« heißen. Denn es kann sein, dass Gott einen viel größeren Segen für uns eingeplant hat, als wir von ihm erbeten – einen Segen,

---

1 - 1. Korinther 3,21+23

der sowohl uns selbst als auch anderen zugutekommt.

Gottes Antwort ist manchmal »Nein«. Das kann sein Zeichen an uns sein, dass wir etwas in unserem Leben zu bereinigen haben, muss es aber nicht zwangsläufig sein. Er sagte zu Paulus manchmal »Nein«[1] Sehr oft ist der Grund für Gottes »Nein« unsere Unwissenheit und Selbstsucht. Vielleicht wissen wir nicht, um was wir da gerade beten. Das war bei der Mutter von Jakobus und Johannes der Fall. Sie kam zu Jesus, fiel vor ihm nieder und bat ihn um etwas. Er aber erwiderte sofort: *»Ihr wisset nicht, um was ihr bittet!«*[2] Auch Elia bekam manchmal ein »Nein« als Antwort, obwohl er so ein außergewöhnliches Gebetsleben hatte. Aber glauben wir, Elia hätte, als er im feurigen Wagen zu Gottes Herrlichkeit auffuhr, auch nur einen Moment bedauert, dass Gott »Nein« gesagt hatte, als er betete: *»Es ist genug! So nimm nun, Herr, mein Leben ...«*[3]?

Gottes Antwort lautet manchmal: »Warte« und er zögert die Erhörung heraus, weil wir noch nicht bereit sind, das zu erhalten, worum wir ihn bitten, – wie etwa Jakob, der erst viele Niederschläge und einen Ringkampf mit Gott erleben musste, um den lang erhofften Segen zu erhalten. Oder erinnern wir uns an das berühmte Gebet von Augustinus: »O Herr, mach mich rein, aber nicht jetzt«? Sind unsere Gebete nicht manchmal ähnlich? Sind wir wirklich immer bereit, den Kelch zu trinken – den Preis für die Erhörung unserer Gebete zu bezahlen? Manchmal wartet Gott, bevor er unsere Gebete erhört, damit seine Gnade und seine Verherrlichung um so größer werden!

Wenn Gott wartet, so ist das keine Absage. Zwar verstehen wir nicht immer, warum Gott uns manchmal warten lässt, bevor er auf unser Gebet antwortet und ein andermal

---

1 - vgl. z. B. 2. Korinther 12,8 ff.
2 - Matthäus 20,22
3 - 1. Könige 19,4

unser Gebet erhört, bevor wir überhaupt rufen.[1]

Georg Müller, einer der herausragendsten Beter aller Zeiten, musste mehr als dreiundsechzig Jahre für die Bekehrung eines Freundes beten! Gott allein weiß warum! »Das Entscheidende ist, dass wir nie aufgeben, bevor die Erhörung kommt«, sagte Müller. »Ich habe dreiundsechzig Jahre und acht Monate für die Bekehrung eines Menschen gebetet. Er ist noch nicht bekehrt, aber Gott wird es bestimmt tun! Wie kann es anders sein? Wir haben die unveränderliche Verheißung Gottes, und auf sie verlasse ich mich.« Kaum war Georg Müller tot, da bekehrte sich sein Freund – noch vor Müllers Beerdigung.

Ja, sein Gebet wurde erhört, wenn auch die Erhörung lange auf sich warten ließ. So viele von Georg Müllers Bitten wurden ihm gewährt, es ist nicht verwundert, dass er eines Tages ausrief: »O, wie gut, freundlich, gnädig und herablassend ist ER, mit dem wir es zu tun haben! Ich bin nur ein armer, schwacher, sündhafter Mensch, aber ER hat viele tausend Male meine Gebete erhört.«

Jemand mag vielleicht fragen: Wie kann ich feststellen, ob Gottes Antwort »Nein« oder »Warte« ist? Ich bin mir sicher, dass Gott uns nicht dreiundsechzig Jahre beten lässt, um uns dann mit »NEIN« zu antworten! Georg Müllers Gebet, das er so lange wiederholte, war begründet in dem Wissen, dass Gott ein rettender Gott ist, der keine Freude hat am Tod des Sünders.

Gerade während ich schreibe, bekomme ich einen Brief von jemandem, der mir sehr selten schreibt. Ein lieber Angehöriger von ihm sei schwer erkrankt. Er berichtet, dass er sich die Frage gestellt habe, ob er Gott weiter um die Genesung des Kranken beten solle oder nicht. Ist Gottes Antwort »Nein«, oder lautet sie: »Bete weiter und warte«? Mein Freund schreibt: »Ich bekam eine klare Weisung im

1 - vgl. Jesaja 65,24

Blick auf meinen Angehörigen ... ich zog mich zurück in die Stille und war bereit, mich völlig unter Gottes Willen zu beugen; ich wollte ihn Gott sein lassen und ihn preisen, egal wie er es ausführen würde. Ich habe für vieles Gott zu preisen.« Einige Stunden später nahm der Herr seinen Angehörigen zu sich in die Herrlichkeit.

Nochmals möchte ich meine Leser auffordern, an Gottes Verheißungen festzuhalten. Echtes Gebet bleibt nie unbeantwortet.

Wenn wir mehr über das Gebet und was die Bibel darüber sagt, nachdenken würden, dann hätten wir sicherlich ein intensiveres und verständigeres Gebetsleben. Das klingt wie eine Binsenweisheit. Aber ich sage das, weil es scheint, als ob manche Christen ihren gesunden Menschenverstand und ihre Vernunft beiseitelegen würden, bevor sie beten. Das Forschen in der Schrift zeigt, dass Gott manche Gebete nicht erhören kann. Nicht, weil ihm dazu die nötige Macht fehle, sondern weil Gott in seiner Allmacht nur das tun wird, was seinem guten Wesen und seiner vollkommenen Weisheit entspricht.

Während des Krieges betete jedes Volk um den Sieg. Es ist doch völlig klar, dass nicht alle Völker siegreich sein können. Zwei Gläubige an einem Ort können beide etwas Unterschiedliches beten, der eine um Regen, der andere um schönes Wetter. Gott wird nicht beides auf einmal am gleichen Ort und zur gleichen Zeit geben!

Aber die Zuverlässigkeit von Gottes Verheißungen könnte dabei infrage gestellt werden. Wir haben wiederholt die Gebetsanweisungen unseres Herrn gelesen und haben fast gestutzt bei diesen Verheißungen – über ihre Reichweite, die Fülle ihrer Absicht und das Ausmaß des Wortes *»um was auch immer ihr bittet ...«*. Wir müssen und dürfen darauf vertrauen: *»Das Wort des Herrn ist ver-*

lässlich, und was er zusagt, das hält er gewiss.« [1] *»Gott ist zuverlässig, und was er sagt, ist wahr.«* [2] Er wird sich immer als vollkommen zuverlässig erweisen.

Würde man mich fragen, ob Gott auf jedes meiner Gebete geantwortet hätte, dann könnte ich ohne Probleme zugeben, dass er dies nicht getan hat. Wenn er zu manchen meiner Bitten »Ja« gesagt hätte, wäre es für mich zu einem Fluch anstatt zu einem Segen geworden. Andere Gebete erhörte er nicht, weil ich geistlich nicht reif genug gewesen wäre, sie zu erhalten. Sie hätte nur meinen geistlichen Stolz und meine Selbstsicherheit verstärkt. Betrachtet man die Dinge im Licht der Heiligkeit Gottes, dann fällt einem vieles leichter zu verstehen!

Wenn man zurückschaut und die eigenen eifrigen, ernsten Gebete mit dem armseligen, unwürdigen Dienst und dem Mangel an geistlichem Leben vergleicht, dann erkennt man, wie unmöglich es für Gott war, uns auch solche Dinge zu gewähren, die er uns eigentlich gerne gegeben hätte. Manchmal ist es so, als würden wir Gott darum bitten, das Meer seiner Liebe in unsere fingerhutgroße Herzen auszugießen. Dabei sehnt sich Gott danach, uns mit allen geistlichen Gütern zu segnen! Immer wieder ruft er uns zu: *»Wie oft habe ich ... aber ihr habt nicht gewollt!«*[3]

Das Traurige daran ist, dass wir oft beten, aber nichts empfangen, weil wir uns sowieso als unfähig herausstellen würden, mit dem Erbetenen richtig umzugehen – und dann klagen wir darüber, dass Gott unsere Gebete nicht erhöre! Der Herr Jesus erklärt, dass Gott den Heiligen Geist – der uns lehrt, wie wir beten sollen – ebenso bereitwillig gibt, wie ein Vater seinen Kindern gute Gaben gibt. Aber keine Gabe ist eine »gute Gabe«, wenn das Kind noch

---

1 - Psalm 33,4 eÜ

2 - Römer 3,4 NGÜ

3 - vgl. Matthäuas 23,37

nicht fähig ist, die Gabe zu gebrauchen. Gott gibt uns nie etwas, das wir nicht zu seiner Verherrlichung verwenden können – oder wollen. (Ich beziehe mich dabei nicht auf Begabungen, denn die können wir missbrauchen oder »vergraben«, sondern auf geistliche Gaben oder Segnungen.)

Haben wir schon einmal einen Vater gesehen, der seinem kleinen Kind eine Rasierklinge gegeben hätte, wenn es darum bat, weil er hoffte, das Kind würde eines Tages schon zu einem Mann heranwachsen und die Klinge richtig gebrauchen können? Nein! Ein vernünftiger Vater wird seinem Kind sagen: »Warte, bis du älter, größer oder klüger, vernünftiger und stärker bist!« Wird nicht unser himmlischer Vater in seiner unendlichen Weisheit auch zu uns sagen: »Warte«? Wegen unserer Unwissenheit und Blindheit müssen wir sicher häufig beten: »O, Herr, verweigere uns in deiner Liebe das, von dem du weißt, dass wir es in Schwachheit nur missbrauchen würden.«

Sei sicher, dass Gott uns niemals heute gibt, was wir morgen erst brauchen. Es liegt nicht daran, dass Gott nicht gerne geben würde. Gott beschränkt sich nicht selbst. Seine Quellen sind unbegrenzt, und seine Wege erkennt man erst hinterher. Gerade als er die Jünger aufforderte zu bitten, erinnerte er sie daran, wer die Quelle des Lebens und aller guten Gaben ist: *»Seht euch die Vögel an! Sie säen nicht, sie ernten nicht, sie sammeln keine Vorräte, und euer Vater im Himmel ernährt sie doch.«* [1] Es klingt so einfach. Aber haben wir je daran gedacht, dass kein Millionär in der ganzen Welt fähig wäre, alle Vögel unter dem Himmel auch nur einen Tag zu ernähren? Unser himmlischer Vater ernährt sie jeden Tag und wird dadurch nicht ärmer. Wird er uns nicht viel mehr ernähren und für uns sorgen?

O, dass wir doch viel abhängiger vom Gebet wären!

---

1 - Matthäus 6,26 NGÜ

Wissen wir nicht, dass er *»die belohnen wird, welche ihn suchen«* [1]? Die Kraft des Heiligen Geistes wird nie aufhören zu fließen, solange leere Gefäße vorhanden sind. Manche Christen unter uns werden in diesem Leben niemals erfahren, welche Kraft ihnen durch den Heiligen Geist geschenkt wurde, und sie werden die Freude über bestimmte geistliche Erfolge nie erleben. Manchen von uns schenkt Gott auch nur begrenzten Erfolg, damit wir nicht stolz und aufgeblasen werden. Wir können nicht erwarten, dass Gott jedem Christen alles gibt, worum er ihn bittet.

Wie wir in einem früheren Kapitel sahen, müssen das Herz, die Motive und Wünsche rein sein, wenn unsere Gebete in seinem Namen sein sollen. Gott ist größer als seine Verheißungen und er gibt oft mehr, als wir bitten und verdienen, – aber er handelt nicht immer so. Wenn deshalb irgendeine besondere Bitte nicht gewährt wird, sollten wir prüfen, ob Gott vielleicht möchte, dass wir zuerst unsere Herzen prüfen; denn es ist sein Anliegen, jedes Gebet zu erhören, das aufrichtig in seinem Namen vor ihn gebracht wird. Ich möchte die überwältigende Zusage Jesu noch einmal wiederholen: *»Und alles, was ihr bitten werdet in meinem Namen, das will ich tun, damit der Vater verherrlicht wird in dem Sohn. Wenn ihr etwas bitten werdet in meinem Namen, so werde ich es tun.«* [2]

Ist uns eigentlich bewusst, dass Jesu Gebete immer in völligem Einklang mit seinem Vater waren? Er ist selbst Gott, kennt also Gottes Sinn, und dennoch bat er den Vater darum, *»Ist es möglich, so gehe dieser Kelch an mir vorüber ...«* [3], als er im Todeskampf im Garten Gethsemane kniete und im Gebet und mit den Tränen rang! Und *»weil er sich seinem Willen in Ehrfurcht unterstellte, wurde sein*

---

1 - Hebräer 11,6b
2 - Johannes 14,13-14
3 - Matthäus 26,39b

Gebet erhört«[1] – nicht direkt in der Weise, wie er es erbeten hatte, doch sehr viel besser!

Unsere Gebete werden nicht so sehr deshalb erhört, weil sie richtig sind, sondern weil sie kindlich sind.

Lieber Leser, das eine dürfen wir wissen, – dass unser Herr nie eine Verheißung gab, die er nicht halten konnte oder nicht bereit wäre, einzulösen. Der Heilige Geist vertritt uns,[2] und Gott wird nicht »Nein« zu ihm sagen. Der Sohn bittet für uns,[3] und Gott wird auch ihn nicht abweisen. Seine Fürbitte ist mehr wert als Tausende unserer Gebete. Und doch fordert er uns auf, selbst zu beten! Wir können das Geheimnis der göttlichen Dreieinigkeit und ihrer Ordnung nicht begreifen, doch wir dürfen ihr vertrauen und unsere ganze Hoffnung auf sie setzen.

»Aber hatte Paulus nicht den Heiligen Geist?«, mögen wir fragen, »und sagte er nicht, dass jeder Gläubige den Geist Christi hat?[4] Dennoch musste er dreimal darum bitten, dass Gott den Pfahl aus seinem Fleisch wegnehmen möge, und Gott sagte ihm, dass er das nicht tun würde.« Gewiss ist es ungewöhnlich, dass die einzige Situation von der uns die Bibel berichtet, in der Paulus für sich selbst um etwas bittet, ihm verweigert wurde! Es gibt sicher Christen, die Schwierigkeiten damit haben, dass Paulus als Apostel um etwas bat, das nicht dem Willen Gottes entsprach. Nun, wir dürfen nicht glauben, dass Geistlichkeit gleichzusetzen wäre mit Irrtumslosigkeit. Sicher erleben viele Christen Enttäuschungen, weil Gott manche ihrer Gebete nicht erhört, von denen sie glaubten, dass sie mit Gottes Willen übereinstimmen. Wir dürfen nicht vergessen, dass wir, auch wenn wir den Heiligen Geist Gottes haben, uns

---

1 - Hebräer 5,7 NGÜ
2 - vgl. Römer 8,26
3 - vgl. Hebräer 7,25
4 - vgl. Römer 8,9

doch in unseren Urteilen und Wünschen irren können. Wir werden in diesem Leben alle noch irren, und solange die Sünde noch in uns wohnt, wird sie uns und unsere Sinne beeinflussen, um auf diese Weise durch uns gegen Gott zu kämpfen. Auch ein wiedergeborener Christ, in dem Gottes Geist wohnt, kann jeden Augenblick ungehorsam oder kleingläubig werden, zu einem Gedanken oder einer Tat verleitet werden, die gegen Gottes Gerechtigkeit und Heiligkeit sind.

Wir haben dafür ein Beispiel im Leben des Petrus. In einem Moment bekannte er unter dem Einfluss des Heiligen Geistes: *»Du bist der Christus, der Sohn des lebendigen Gottes! Und Jesus antwortete und sprach zu ihm: Glückselig bist du, Simon, Sohn des Jona; denn Fleisch und Blut hat dir das nicht geoffenbart, sondern mein Vater im Himmel!«*[1] und nur wenige Verse später lesen wir, wie der Teufel die Gedanken des Petrus derart beeinflusste, dass Jesus zu ihm sagt: *»Weiche von mir, Satan! Du bist mir ein Ärgernis; denn du denkst nicht göttlich, sondern menschlich!«*[2]

Paulus glaubte, dass er für das Reich Gottes viel nützlicher sein würde, wenn nur dieser Pfahl in seinem Fleisch nicht wäre. Gott aber wusste, dass genau das Gegenteil der Fall war und Paulus den Pfahl sehr dringend brauchte, um nicht überheblich zu werden. Ist es nicht ein Trost zu wissen, dass womöglich etwas, unter dem wir leiden, und das wir als Belastung ansehen, uns von Gott geschenkt wurde, damit wir mehr zu seiner Verherrlichung dienen und lernen, allein auf seine Gnade zu vertrauen, als auf unsere Fähigkeiten? *»Lass dir an meiner Gnade genügen, denn meine Kraft wird in der Schwachheit vollkommen!«*[3]

---

1 - Matthäus 16,16-17
2 - Ebd. V. 23
3 - 2. Korinther 12,9

Was Gott auch tut und lässt geschehn,
Nie würd'st du's anders tun;
Könnt'st du, wie ER, das End' nur sehn
Von Gottes heilgem Tun.

Weder Paulus noch Petrus oder Johannes waren unfehlbar; so wie kein Papst noch sonst ein Mensch es sein kann. Wir können und werden mangelhafte Gebete vor Gott bringen. Die höchste Stufe des Gebets ist nicht: »Dein Weg, o Gott, nicht meiner«, sondern: »Mein Weg, o Gott, ist deiner!«

Sir H. M. Stanley,[1] der große Entdecker, schrieb: »Ich würde es nie wagen zu behaupten, dass Gebet unwirksam sei. Wenn ich Gott ernsthaft um etwas bat, dann wurde ich erhört. Wenn ich um Weisheit bat, um meine Teilnehmer durch alle Gefahren führen zu können, die sie bedrohten, erleuchtete Gott meinen verwirrten Sinn, und ein deutlicher Ausweg tauchte auf. Man darf wissen, dass das Gebet von Gott erhört wurde. Den, der seine Sache auf Gott geworfen hat, erfüllt eine innere Befriedigung, wenn er sich von den Knien erhebt. Ich habe genügend Beweise, dass Gebete erhört werden.«

Mary Slessor,[2] wurde einst gefragt, was für sie das Gebet bedeute. Sie erwiderte: »Mein Leben ist ein einziger langer, täglicher Bericht von erhörten Gebeten um Kraft bei geistiger Überanstrengung, um körperlicher Schwäche, um wunderbar erfahrene Leitung, abgewendete Irrtümer und Gefahren, überwundene Feindschaft gegen das Evangelium, um Nahrung, die genau zur rechten Zeit geschenkt wurde, ja um alles, was mein Leben und meinen Dienst ausmachte. Ich kann mit ganzer Ehrfurcht bezeugen: Gott erhört Gebet!«

---

1 - *Afrikaforscher, fand 1871 den verschollenen David Livingstone*

2 - *Missionarin, deren Name untrennbar mit der schottischen Mission in Calabar (Ost-Nigeria) verbunden ist.*

✿ 9 ✿

GEBETSERHÖRUNGEN

Rein menschlich betrachtet könnte man sicher einen auffälligeren Titel für dieses Kapitel wählen. Etwa: Bemerkenswerte Erhörungen – wunderbare Gebetserhörungen – erstaunliche Erhörungen. Aber wir müssen uns zwei Dinge klar machen: Erstens ist jedes Gebet, das Gott erhört, ein Wunder, wenn wir bedenken, dass Sünder zu einem heiligen Gott beten. Dieses Wunder ist nur durch das Werk Jesu, durch unsere Rechtfertigung und Heiligung in ihm möglich. Zweitens ist gerade deshalb für Gott die Erhörung unserer Gebete so selbstverständlich, wie für uns das Bitten. Gott freut sich über unsere Bitten, sie ehren ihn und er erhört uns gerne! Wenn wir von einem reichen Menschen hören, dass er sich um Arme und Bedürftige kümmert oder einen großen Teil seines Einkommens in die Weltmission investiert, dann sagen wir vielleicht: »Wie gut, dass es Menschen gibt, die in der Lage sind, so etwas zu tun!« Wenn es aber stimmt, dass Gott seine Kinder liebt – und wir wissen, dass es stimmt, denn sein Wort sagt es immer wieder – meinen wir dann nicht, dass es für ihn auch selbstverständlich ist, uns das zu geben, worum wir ihn bitten? Ich glaube, deshalb ist es auch wichtig, dass wir unbedingt anderen von unseren Gebetserhörungen weitersagen. Dies wird sie und uns einerseits ermutigen mit mehr Überzeugung ihre Gebete vor Gottes Gnadenthron zu bringen und andererseits wird Gottes Gnade durch diese Zeugnisse gepriesen – und eben dazu sind wir ja in Christus erwählt.[1]

1 - vgl. Epheser 1,6

Gott rettet Menschen, für die wir beten! Als ich vor einiger Zeit mit einem Gläubigen, von dem ich wusste, dass er ein intensives Gebetsleben führt, über dieses Thema sprach, fragte er mich plötzlich: »Kennst du die St.-Ms.-Kirche?« »Sehr gut«, antwortete ich, »ich war schon mehrmals dort.« »Dann erzähle ich dir, was ich dort einmal erlebt habe. Wir hatten jeden Sonntag vor dem 8-Uhr-Gottesdienst eine Gebetsgemeinschaft. Als wir uns eines Sonntags von den Knien erhoben, sagte einer der Brüder zu dem Pastor: ›Herr Pastor, ich möchte sie bitten, für meinen Jungen zu beten. Er ist nun zweiundzwanzig Jahre alt und war seit Jahren nicht mehr in der Kirche.‹ Der Pastor erwiderte: ›Lasst uns jetzt gerade gemeinsam für dieses Anliegen beten.‹ Also knieten wir nochmals nieder und beteten für diesen jungen Mann. Obwohl er nichts davon wusste, kam er noch an demselben Abend zur Kirche. Er hörte die Predigt und Gott veränderte sein Herz. Völlig erschüttert kam er später auf den Pastor zu und erzählte ihm, dass er Jesus Christus als seinen Heiland angenommen habe.«

Eines Montagmorgens war mein Freund bei einem wöchentlichen Vorstandstreffen. Er sagte dem Pastor, der für den jungen Mann gebetet hatte: »Diese Bekehrung gestern Abend ist für uns doch ein Aufruf zum Gebet! Sollten wir diesem Aufruf nicht folgen?« »Was meinen sie damit?«, fragte der Pastor. Mein Freund meinte: »Sollten wir nicht einmal den Schlimmsten in unserem Ort auswählen und für ihn beten?« Durch einmütigen Beschluss wählten sie einen gewissen Mann als den Schlimmsten aus, den sie kannten, und beteten für seine Bekehrung. Am Ende jener Woche, als sie an einer Gebetsversammlung im Gemeindesaal teilnahmen und der Name jenes Mannes gerade auf ihren Lippen war, öffnete sich die Tür, und herein schwankte ausgerechnet dieser Mann. Er war ziemlich betrunken. Noch nie hatte er diesen Versammlungsraum betreten. Ohne daran zu denken, seine Mütze abzunehmen, sank er auf einen Stuhl nahe am Eingang und vergrub sein Gesicht in den Händen. Die Gebetsversammlung wurde auf einmal zu einem Ort der Seelsorge. So wie er war – völlig betrunken –, suchte er den Herrn, der ihn suchte. Er ging niemals mehr zurück. Heute ist er einer der gesegnetsten Hafenmissionare des Landes.

Warum beten wir nicht für unsere unbekehrten Freunde? Es mag sein, dass sie nicht auf uns hören, wenn wir sie ermahnen. Aber sie können sich Gottes Macht nicht entziehen, wenn wir für sie beten. Sag Gott dein Anliegen, und vertraue ihm. Gott arbeitet auf eine wundervolle und geheimnisvolle Weise, um seine Wunder zu vollbringen.

Dan Crawford erzählte mir, dass er sich, als er nach einem Urlaub auf sein Missionsfeld zurückkehren wollte, einmal sehr beeilen musste. Aber ein tiefer Fluss, den er überwinden musste, hatte Hochwasser, und es waren keine Boote verfügbar. Da kniete er sich mit seinen Begleitern nieder und betete. Ein Ungläubiger hätte sicher laut gelacht. Wie konnte Gott sie über diesen reißenden Fluss bringen! Aber während sie beteten, fing ein riesiger Baum, der schon jahrelang gegen die Strömung gekämpft hatte, an zu schwanken und stürzte um. Er fiel gerade über den Fluss und verband beide Ufer miteinander. Crawford sagte: »Die königlichen Himmels-Ingenieure haben eine Brücke für die Diener Gottes gebaut.«

Ich wünschte, dass viele junge Leute diese Erlebnisse lesen und von der Macht Gottes und des Gebets überzeugt werden. Sie sollten wissen, dass Gott nicht nur Missionare, sondern auch die Gebete von Jungen und Mädchen erhört.[1] Dazu möchte ich noch die folgende Geschichte hinzufügen, mit dem aufrichtigen Wunsch, dass es dazu

---

1 - vgl. 1. Mose 21,17

führt, dass für jeden meiner Leser das Gebet zu einem der wichtigsten Bestandteile des Lebens wird und Gebetserhörungen bald zu ihren täglichen Erfahrungen gehören.

Vor einiger Zeit ging ein zwölf Jahre alter Chinesenjunge namens Ma-Na-Si, ein Internatsschüler der Missionsschule, heim in die Ferien. Er ist der Sohn eines eingeborenen Pastors. Während er auf den Eingangsstufen seines Elternhauses stand, erblickte er einen Reiter, der auf ihn zu galoppierte. Als der Reiter ihn erreicht hatte, war er völlig aufgebracht und fragte nach dem »Jesus-Mann« – dem Pastor. Der Junge sagte ihm, dass sein Vater nicht zu Hause sei. Da wurde der Mann noch beunruhigter und erklärte den Zweck seines Kommens. Er war von einem einige Meilen entfernten Dorf gesandt worden, um den »heiligen Mann« zu holen, damit er den Teufel aus der Schwiegertochter eines Freundes austreibe. Er erzählte die traurige Geschichte dieser jungen Frau, die, vom Teufel umgetrieben, tobte und fluchte, sich die Haare ausriss, ihr Gesicht zerkratzte, ihre Kleider herunterriss, Einrichtungsgegenstände zerschmetterte und Geschirr mit Essen wegschleuderte. Er berichtete davon, wie sie in ihrem Wahn Gott lästerte und wie diese Ausbrüche von Schaum auf ihrem Mund begleitet seien und mit großer körperlicher und seelischer Erschöpfung. »Aber mein Vater ist doch nicht zu Hause«, beharrte der Junge. Endlich schien der ganz wirre Mann das zu begreifen. Er fiel plötzlich auf seine Knie, streckte seine Hände in Verzweiflung aus und rief: »Aber du gehörst doch auch zu diesem Jesus; würdest du nicht kommen und uns helfen?«

Ein zwölfjähriger Junge? Ja, selbst ein Kind, dass durch Gottes Gnade ein Kind Gottes wurde, kann als ein Werkzeug seiner Herrlichkeit gebrauchen werden. Nur einen Augenblick war der Junge überrascht und zögerte, dann war er im Vertrauen auf die Macht seines Gottes bereit mitzukommen. So wie Samuel bereits in jungen Jahren bereit war, seinem Gott in allen Dingen zu gehorchen, nahm auch er die ernste Bitte als einen Ruf Gottes an. Der Fremde sprang in den Sattel, zog den jungen Christen hinter sich aufs Pferd und galoppierte davon.

Unterwegs begann Ma-Na-Si die Sache zu überdenken. Er war der Aufforderung gefolgt, einen Menschen in Jesu Namen zu heilen. Aber war er wirklich würdig für diesen Dienst gebraucht zu werden? War sein Herz rein und sein Glaube stark genug? Während sie dem Dorf immer näher kamen, erforschte er sein Herz nach Sünden, die er bekennen und bereuen müsse. Dann bat er um Leitung, was er sagen und wie er handeln solle. Er rief sich biblische Beispiele dämonischer Besessenheit ins Gedächtnis und wie ihnen begegnet worden war. Dann warf er sich einfältig und demütig auf den Gott der Gnade und Barmherzigkeit und bat ihn um seine Hilfe zur Verherrlichung Jesu Christi. Als sie im Haus ankamen fanden sie einige Familienangehörige, wie sie mit ganzer Kraft die geplagte Frau im Bett festhielten. Obwohl man ihr nichts gesagt hatte davon, dass jemand weggegangen sei um den Pastor zu holen, schrie sie, sobald sie die Fußtritte draußen im Hof gehört hatte: »Lasst mich los, damit ich fliehen kann. Ich will weg von hier! Ein Mann Jesu kommt. Ich kann ihn nicht ertragen …«

Ma-Na-Si betrat den Raum. Nach einer höflichen Verbeugung kniete er nieder und begann zu beten. Dann sang er ein christliches Lied zum Preise Jesu und befahl den bösen Geistern im Namen des Auferstandenen, aus der Frau auszufahren. Sofort war sie ruhig, wenn auch kraftlos vor Schwäche. Von jenem Tag an war sie völlig gesund. Bis zu diesem Tag waren alle Dorfbewohner Christus gegenüber ablehnend gewesen. Aber dann kam Gottes Licht in dieses Dorf und alle, die Gott zum ewigen Leben berufen hatten, wurden gläubig.

Lieber Leser, ich weiß nicht, wie sehr dich dieser kurze Bericht beeindruckt. Mich hat er sehr tief bewegt. Es scheint mir, als ob die meisten von uns zu wenig von der Allmacht Gottes überzeugt wären – zu wenig an seine überwältigende, unwiderstehliche Liebe glauben. O, wie tief ist die Liebe Jesu zu seiner Gemeinde, ja zu seiner ganzen Schöpfung! Jedes Mal, wenn wir beten, enthüllt Gott diese Liebe auf besondere Weise. Wenn wir unseren Herrn und Erlöser wirklich liebten, sollten wir dann nicht viel öfter seine Gemeinschaft im Gebet suchen? Lieber Christ, kritisieren wir einander vielleicht deshalb soviel, weil wir so wenig beten? Auch wir Christen sind nicht in die Welt gesandt, um sie zu verdammen, sondern sie sind Botschafter Jesu, der in die Welt gekommen ist, *»damit die Welt durch ihn gerettet wird.«*[1] Kann übereilte Kritik irgend jemanden näher zu Christus bringen? Wird denn ein Christ dadurch Jesus immer ähnlicher, dass er die Fehler der anderen sieht und sie darauf hinweist? Wir sollten den Geist der Kritik, des Zurechtweisens, des Fehlerfindens und der Demütigung anderer und ihrer Arbeit ablegen.

Worauf möchte ich hinaus? Ganz einfach: Die Fehler und sündigen Neigungen anderer zu entdecken ist keine fromme Leistung, sondern häufig ein Beweis für Hochmut und mangelnde Selbsteinschätzung. Die Sünde in unseren Herzen ist die Ursache für lieblose Worte und Taten, durch die wir andere so schnell verurteilen. Dämonische Besessenheit z. B. ist auch in unserem Kulturkreis nicht unbekannt. Sie äußert sich vielleicht auf andere Weise. Viele von unseren Freunden und Bekannten, so freundlich und liebenswert sie sein mögen, sind oft durch Gewohnheitssünden gefesselt und gebunden.

Vielleicht reden wir vergeblich mit ihnen über ihre

---

1 - Johannes 3,17

Fehler. Und vielleicht schlagen sie unsere guten Ratschläge aus. Womöglich sind auch falsche Höflichkeit und Nachsicht und unser eigenes Versagen der Grund dafür, weshalb wir ihnen nicht aus dieser Gebundenheit heraushelfen können. Aber stellen wir uns ehrlich die Frage: Haben wir es schon mit Beten versucht? Mit Gebet, das mit einer demütigen Liebe verbunden ist?

Gott erhört das Gebet von jung und alt, wenn ein reines Herz, ein heiliges Leben und ein schlichter Glaube dahinterstehen. Gott erhört Gebet. Aber wir sind im besten Fall schwache und fehlerhafte Diener. Selbst wenn wir aufrichtig sind, werden wir manchmal übel bitten. Aber Gott ist so treu, wie er verheißen hat. Er wird uns vor allem Übel bewahren und mit allem Guten versorgen.

Kann Gott mir geben, um was ich bitte?
Er weiß es am besten!
Er ist viel weiser als Seine Kinder,
Ihm darf ich vertrau'n.

»Wenn unser Gewissen uns also nicht länger verurteilt, dann, liebe Freunde, können wir uns voll Zuversicht an Gott wenden und werden alles bekommen, was wir von ihm erbitten; denn wir befolgen seine Gebote und tun das, was ihm gefällt.«[1]

---

1 - 1. Johannes 3,21+22 NGÜ

❀ 10 ❀

WIE ERHÖRT GOTT GEBETE?

Gott und all sein Handeln ganz zu verstehen ist für uns Menschen eine völlige Unmöglichkeit. »*Wie unerschöpflich ist Gottes Reichtum! Wie tief ist seine Weisheit, wie unermesslich sein Wissen! Wie unergründlich sind seine Entscheidungen, wie unerforschlich seine Wege!*«[1] Wie wahr und ernüchternd sind diese Worte! Wir brauchen aber keine Schwierigkeiten zu sehen, wo keine sind. Wenn Gott allmächtig und vollkommen weise ist, dann gibt es für das Gebet sicherlich keine Schwierigkeiten, wenn es auch gelegentlich Unsicherheiten unsererseits gibt.

Wir können Gottes Methoden nicht erkennen, aber wir wissen doch einiges davon, wie er Gebete erhört. Bevor wir beginnen, wollen wir uns aber zunächst vor Augen führen, wie wenig wir schon über die einfachsten Dinge wissen.

Thomas Edison,[2] dessen Wissen doch recht umfassend war, schrieb im August 1921: »Von allem wissen wir kaum ein millionstel Prozent. Wir wissen nicht, was Wasser ist. Wir wissen nicht, was Licht ist. Wir wissen nicht, was Schwerkraft ist. Wir wissen nicht, was Elektrizität ist. Wir wissen nicht, was Hitze ist. Wir wissen nichts über den Magnetismus. Wir haben eine Menge Hypothesen, das ist aber auch alles.«

---

1 - Römer 11,33 NGÜ

2 - Thomas Alva Edison (1847–1931) war ein US-amerikanischer Erfinder und Unternehmer auf dem Gebiet der Elektrizität und Elektrotechnik.

Und trotz unserer Unwissenheit lassen wir uns in all diesen Dingen nicht einschränken, sondern verwenden sie für unsere Zwecke. Wir wissen vielleicht nicht viel über das Gebet, aber das sollte uns doch nicht daran hindern zu beten! Wir wissen, was unser Herr uns über das Gebet gelehrt hat. Wir wissen, dass er uns den Heiligen Geist gesandt hat, der uns alles lehren wird.[1] Wie also erhört Gott Gebete? Nun, zum einen auf folgende Weise:

Er offenbart seinen Sinn denen, die ihn im Geist und in der Wahrheit anbeten. Sein Heiliger Geist gibt ihnen neue Gedanken ein. Wir wissen ganz gut, dass der Teufel und seine Engel sehr darum bemüht sind, uns mit bösen Gedanken zu erfüllen. Sollte Gott nicht viel mehr Macht haben, uns durch gute Gedanken zu heiligen? Dabei kommt es nicht darauf an, wie klug oder stark wir sind – es kommt allein auf Gottes erwählende Gnade an.

Darauf soll auch dieses Buch hinweisen. Es bewegt mich immer wieder, zu entdecken, wie Gott ein paar seltsam geformte schwarze Zeichen auf weißem Papier dazu gebrauchen kann, Menschen zu ermutigen, zu demütigen oder gar von Sünden zu überführen! Gott kann uns seine Gedanken auf vielerlei Weise vermitteln. Ein bemerkenswertes Beispiel dafür wurde im vergangenen Jahr von einem Sprecher in Northfield berichtet. Vor drei oder vier Jahren traf er einen alten Walfänger-Kapitän, der ihm folgende Geschichte erzählte:

»Vor vielen Jahren segelte ich in den verlassenen Gewässern am Kap Horn auf der Jagd nach Walen. Eines Tages kämpften wir mit genau südlichem Kurs gegen harten Wind an. Wir hatten uns den ganzen Morgen abgemüht, ohne recht vorwärts zu kommen. Etwa gegen elf Uhr, als ich am Steuer stand, kam mir plötzlich der Gedanke in den Sinn: ›Warum das Schiff gegen diese Wogen treiben?

1 - vgl. Johannes 14,26

Wahrscheinlich gibt es im Norden ebenso viele Wale wie im Süden. Warum sollen wir nicht mit dem Wind fahren statt gegen ihn?‹ Also änderte ich den Kurs des Schiffes und fing an nordwärts zu segeln statt südwärts.

Eine Stunde später rief der Ausguck von der Mastspitze: ›Boote voraus!‹ Gleich darauf nahmen wir vier Rettungsboote auf, in denen vierzehn Seeleute waren. Es waren die einzigen Überlebenden einer Besatzung, deren Schiff zehn Tage vorher völlig ausgebrannt war. Diese Männer hatten seither in ihren Booten Gott verzweifelt um Hilfe angerufen. Wir kamen gerade rechtzeitig zu ihrer Rettung herbei. Sie hätten keinen weiteren Tag überleben können.«

Der alte Walfänger fügte dann noch hinzu: »Ich weiß nicht, ob diese Seeleute wirklich an Gott glaubten oder nicht. Ich bin ein Christ und habe jeden Tag meines Lebens damit begonnen, Gott zu bitten, mich zu seiner Ehre und zum Segen für andere zu gebrauchen. Ich bin überzeugt, dass Gott mir an jenem Tag den Gedanken in den Sinn gab, den Kurs meines Schiffes zu ändern. Dieser Gedanke wurde das Mittel zur Rettung von vierzehn Menschenleben.«

Gott hat uns Vieles zu sagen. Wir aber sind oft so sehr mit anderen Dingen – auch mit der Arbeit am Reich Gottes – beschäftigt, dass wir nicht auf sein Wort hören. Gottes Wort, die Bibel, muss die erste und wichtigste Quelle der Gotteserkenntnis und des Kontakts zwischen Gott und uns sein. Doch Gott gibt uns auch durch das Gebet die Gelegenheit, zu uns zu reden und uns seinen Willen zu offenbaren. Unsere Haltung – mit der Bibel wie im Alltag – sollte sein: »Rede, Herr, denn dein Knecht hört.«

Gott kann uns Gedanken ins Herz geben, wenn wir für andere beten. Bei einer Glaubenskonferenz forderte der Redner die Versammelten auf, ihre Streitigkeiten zu bereinigen, wenn sie sich wirklich nach einem Leben sehnen, das Gott ehrt. Daraufhin ging eine Frau nach Hause und schrieb ihrer Schwester unter viel Gebet einen versöhnlichen Brief. Wegen einiger Meinungsverschiedenheiten hatte sie seit zwanzig Jahren nichts mehr mit ihr zu tun haben wollen. Ihre Schwester wohnte fünfzig Kilometer entfernt. Bereits am nächsten Morgen erhielt die Schreiberin einen Brief von eben dieser Schwester, in der diese sie um Verzeihung bat und eine Versöhnung suchte. Die beiden Briefe hatten sich bei der Post gekreuzt. Während die eine Schwester für die andere betete, sprach Gott zur anderen und gab auch ihr den Wunsch nach Versöhnung ins Herz.

Man kann fragen: Warum hat Gott diesen Wunsch nicht früher geweckt? Es mag sein, dass Gott voraussah, dass das Schreiben der entfernt lebenden Schwester und ihre Bitte um Versöhnung nutzlos sind, solange die andere noch nicht bereit wäre, auch zu vergeben. Die Tatsache bleibt bestehen: Wenn wir für andere beten, dann wird Gott auf wundersame Weise die Menschen beeinflussen, für die wir beten.

Vor kurzem bat eine gottesfürchtige Frau am Ende einer Gebetsversammlung die Anwesenden, mit ihr zusammen für ihren Ehemann zu beten. Dieser wollte absolut keinen Gottesdienst besuchen. Der Leiter der Versammlung forderte uns also auf, am besten sofort gemeinsam für den Mann zu beten, was wir auch taten. Da der Mann, für den wir beteten, seine Frau sehr liebte, kam er häufiger zu unserem Gemeindehaus, um sie abzuholen. Das tat er auch an jenem Abend, und weil er nicht draußen warten wollte, betrat er den Raum der Gebetsversammlung, während wir noch beteten. Ganz sicher hatte Gott dies bewirkt, denn er hatte das Gemeindehaus nie zuvor betreten. Während er bei der Eingangstür auf einem Stuhl saß, seinen Kopf in die Hände gestützt, hörte er die ernsten Gebete mit an. Auf dem Heimweg fragte er seine Frau: »Wer war der Mann, für den ihr heute Abend gebetet habt?« »Ach«, erwiderte sie, »es ist der Ehemann einer Mitarbeiterin.« »Ich bin sicher, dass er errettet wird«, sagte er; »Gott muss doch solche Gebete erhören.«

Etwas später am gleichen Abend fragte er sie noch einmal, für welchen Mann genau sie gebetet hatten, und sie antwortete dasselbe wie zuvor. In dieser Nacht konnte der Mann nicht schlafen. Seine Sünde und seine Verlorenheit wurden ihm so sehr bewusst und belasteten ihn so stark, dass er schließlich seine Frau aufweckte und sie bat, für ihn zu beten.

Wie deutlich sehen wir daraus, dass Gott antwortet, wenn wir beten. Gott war es, der die Gemeinde an diesem Abend ins Gebet geführt hatte, er war es, der bewirkt hatte, dass dieser Mann die Tür zum Gemeindehaus öffnete, sich setzte und den Gebeten der Gemeinde zuhörte. Er war es auch, der das Herz des Mannes erweichte, sodass die Gebete einen mächtigen Einfluss auf ihn ausübten.

Alles, was wir tun können ist Gott zu bitten und auf seine Gnade zu hoffen. Doch Gott ist zu allem fähig. Er allein kann einen Menschen verändern, seine Entscheidungen lenken und neues Leben schenken. Und doch gibt Gott uns Mittel, Gaben und Möglichkeiten, Werkzeuge seiner Macht zu sein.

Während eines besonders kalten Winters betete ein reicher Farmer, dass Gott seine Nachbarn durch diesen kalten Winter retten möge. Als die Familienandacht vorbei war, sagte sein Sohn: »Vater, ich hätte Gott nicht mit dieser Sache belästigt.« »Warum nicht?« fragte er. »Weil es für dich ziemlich einfach wäre, dafür zu sorgen, dass sie nicht sterben!« Wenn wir für andere beten, dann sind wir auch herausgefordert, ihnen zu helfen. Ein junger Mann, der erst seit kurzem Christ geworden war, fragte seinen Seelsorger, wie er Gott dienen könnte. »Hast du einen guten Freund, der Jesus noch nicht kennt?« fragte ihn der Seelsorger.

»Ja«, antwortete er. »Dann geh hin und erzähle ihm, was Jesus für dich bedeutet. Rede mit ihm über das Evangelium und bitte ihn, Jesus als seinen Erretter anzunehmen.« »O nein!« sagte der Junge. »Das könnte ich nie! Ich will alles tun, nur das nicht!« »Gut«, sagte der Seelsorger, »dann versprich mir zumindest, dass du zweimal täglich für seine Bekehrung beten wirst.« »Ja, das will ich gerne tun«, antwortete der junge Mann. Noch bevor vierzehn Tage um waren, kam er wieder zu seinem Seelsorger. »Ich muss unbedingt mit meinem Freund sprechen!« sagte er. Als er zu beten begonnen hatte, weckte Gott in ihm den Wunsch Christus zu bezeugen. Die Gemeinschaft mit Gott verändert unseren Charakter und unsere Wünsche. Sie ist auch die Voraussetzung dafür, dass wir unsere Mitmenschen lieben können. Ich bin davon überzeugt, dass viele Christen so wenig mit anderen über das Evangelium sprechen, weil sie zu wenig Liebe für die Verlorenen haben und zu wenig für sie beten.

Ich werde nie vergessen, wie mein Vertrauen in das Gebet gestärkt wurde. Als dreizehnjähriger Junge hatte ich Gott darum gebeten, dass er zwanzig neue Abonnenten für ein Missionsblatt schenken möge, bei dem ich arbeitete. Noch bevor der Tag um war hatten wir zwanzig neue Abonnenten. Das Erlebnis, dass Gott diese Bitte gewährte, war für mich ein Anreiz noch eifriger zu beten und weckte in mir einen außergewöhnlichen Mut, anderen von Christus weiter zu sagen.

Sicher fällt es niemandem schwer zu glauben, dass Gott als Antwort auf unsere Gebete Kranke heilen oder schönes Wetter senden oder Unglück abwenden kann.

Wir haben es mit einem allwissenden und allmächtigen Gott zu tun. Er kann einen Arzt dazu bewegen, eine bestimmte Medizin zu verschreiben – letztendlich kommt alle ärztliche Kunst von Gott. Er kennt unseren Körper viel besser als die besten Ärzte, denn er hat ihn erschaffen. Ich bin davon überzeugt, dass es nicht gegen Gottes Willen ist, wenn wir ärztliche Hilfe in Anspruch nehmen; aber glauben wir auch, dass Gott in seiner Souveränität und Weisheit auch ohne menschliche Hilfe heilen kann und es auch manchmal tut? Wir müssen es Gott überlassen, so zu wirken, wie er es für richtig findet. Wir neigen dazu, Gott zu den Wegen zwingen zu wollen, die wir für gut halten. Gottes Ziel ist aber, seinen Namen zu verherrlichen, wenn er unsere Gebete erhört. Manchmal sieht Gott, dass unsere Anliegen zwar richtig sind, aber unsere Bitten sind verkehrt.

Dasselbe erlebte Monika, die viele Jahre um die Bekehrung ihres Sohnes Augustinus betete. Als er sich dazu entschloss, seine Heimat zu verlassen und im weit entfernten Rom Geld zu verdienen, da bat sie Gott voller Verzweiflung und Leidenschaft darum, dass ihr Sohn doch bleiben möge, unter ihrer Aufsicht und unter dem Einfluss von Gottes Wort. Sie ging hinunter in eine kleine Kapelle am Strand, in der Nähe des Ortes, wo das Schiff vor Anker lag. Dort verbrachte sie die ganz Nacht im Gebet. Aber als es Morgen wurde, musste sie feststellen, dass das Schiff bereits abgefahren war, während sie gebetet hatte. Ihre Bitte wurde verweigert, aber ihr eigentliches Anliegen wurde gewährt. Denn gerade in Rom traf Augustinus nach vielen Irrwegen auf den gläubigen Ambrosius, der ihn zu Christus führte. Wie herrlich ist die Gewissheit, dass Gott weiß, was das Beste für uns ist. Wir sollten nicht darüber verzweifeln, dass Gott auf manche unserer Gebeten anders antwortet als wir das uns wünschen.

Die wichtigste Frage für uns ist nicht: »Wie erhört Gott Gebete?«, sondern: »Bete ich?« Wenn wir Christus ganz vertrauen, werden wir erfahren, dass er uns niemals enttäuscht.

❁ 11 ❁

GIBT ES HINDERNISSE FÜR DAS GEBET?

Müssen Hindernisse überwunden werden, wenn wir im Gebet zu Gottes Gnadenthron kommen wollen? Nun, in unserem persönlichen Leben erleben wir diese Hindernisse immer wieder.

Kaum knien wir nieder, schon fällt uns etwas ein, das wir noch erledigen wollten. Manche von uns glauben, dass allein der Satan an unseren abschweifenden Gedanken schuld wäre, die so oft unsere Gebete zum Scheitern bringen. Diese Gedanken kommen aber nicht von außerhalb, sondern sind das Ergebnis der in uns wohnenden Sünde. Trotz Wiedergeburt kann uns die Sünde zu einem Hindernis werden, die uns vom Gebet abhält.

Doch trotz alledem brauchen wir uns nicht zu fürchten, noch uns mit diesen Hindernissen herumzuschlagen. Denn wir dürfen wissen, dass Christus bereits den völligen Sieg über die Sünde und die Macht des Satans überwunden hat; deshalb können wir es getrost ihm überlassen, uns zu beschützen. Das Heilmittel gegen diese abschweifenden Gedanken ist also, dass wir unsere Sinne fest auf den Herrn Jesus richten. Gebet ist für ein Gotteskind so wichtig, wie das Atmen.

Wichtig ist aber: Gebe ich der Sünde in meinen Gedanken und in meinem Herzen Raum? Öffnen sie immer wieder die Tür für störende feindliche Überfälle? Wir werden Gottes geistliche Gaben erst dann gebrauchen und genießen können, wenn wir uns dem von ihm errungenen

Sieg auch bewusst sind. Kommen wir mit ehrlichem und bußfertigem Herzen zu Gott, wenn wir ihn um etwas bitten wollen? Haben wir den Mut, aufrichtig zu sagen: *»Erforsche mich, Gott, und erkenne, was in meinem Herzen vor sich geht; prüfe mich und erkenne meine Gedanken!«*[1]? Lassen wir zu, dass etwas in unserem Leben Gottes Segen behindert? Wir diskutieren über das »Problem des Gebets«; dabei sind wir selbst das Problem, über das diskutiert und das behoben werden müsste! Das Gebet ist eine von Gott vollkommen eingerichtete Sache und gäbe es einen Menschen, der mit der Sünde keine Probleme hätte und der sich ganz aufrichtig auf Gott verlässt, für den gäbe es auch keine Gebetsprobleme. Allerdings wird dieser Zustand in diesem Leben auf keinen von uns zutreffen.

Mein Ziel ist jetzt nicht, anhand der Bibel zu zeigen, wodurch unser Gebet gehindert werden kann; ich möchte vielmehr, dass jeder von uns sein eigenes Herz überprüft. Keine Sünde ist zu klein, um nicht unser Gebet zu hindern, wenn wir nicht bereit sind, ihr abzusagen. Im Orient gibt es das Sprichwort: »Wo keine Reinheit ist, ist auch kein Gebet; und wo kein Gebet ist, kann man auch kein Himmelswasser trinken.« Diese Wahrheit wird in der Heiligen Schrift so klar gelehrt, dass es wirklich ein Wunder wäre, wenn jemand versuchen wollte, beides, Sünde und Gebet, nebeneinander behalten zu wollen. Schon David bekannte: *»Hätte ich Unrecht vorgehabt in meinem Herzen, so hätte der Herr nicht erhört.«*[2] Jesaja sagt: *»Eure Missetaten trennen euch von eurem Gott, und eure Sünden verbergen sein Angesicht vor euch, dass er nicht hört!«*[3] Sicher müssen wir alle zugeben, dass es die Sünde in uns ist, die unsere Gebete hindert, und nicht etwa mangelnde Bereitschaft Jesu,

---

1 - Psalm 139,23 NGÜ
2 - Psalm 66,18
3 - Jesaja 59,2

unsere Gebete zu erhören. Meistens ist es eine sogenannte kleine Sünde, die unser Gebetsleben verdirbt und zerstört.

Das mag zum Beispiel Zweifel sein: Unglaube ist vielleicht das Haupthindernis für das Gebet. Unser Herr sagt, dass der Heilige Geist die Welt von der Sünde überführen wird, *»von der Sünde, weil sie nicht an mich glauben«.*[1] Als Kinder Gottes gehören wir zwar nicht mehr zu der Welt, aber in der Praxis ist doch noch viel Unglaube in uns. Jakobus, der an Gläubige schreibt, sagt: *»Er bitte aber im Glauben und zweifle nicht; denn wer zweifelt ... denke nicht, dass er etwas von dem Herrn empfangen wird.«*[2]

Manche empfangen nichts von Gott, weil sie ihn um nichts bitten. Andere empfangen nichts, weil sie nicht glauben. Vielleicht erscheint es ein wenig seltsam, dass ich soviel über Anbetung und Danksagung geschrieben habe, bevor ich zu dem Thema Bitten kam. Aber werden unser Unglaube und unser Zweifel nicht wie Nebel vor der Morgensonne verschwinden, wenn wir erst einen Blick in die herrliche Majestät unseres Herrn und in die Wunder seiner Gnade und Liebe getan haben? War die Erkenntnis der Größe Gottes nicht der Grund dafür, dass Abraham Gott vertraute und ihm die Ehre gab, die seinem Namen gebührte? *»Er war fest davon überzeugt, dass Gott die Macht hat, das, was er zugesagt hat, auch zu tun.«*[3] Wenn man von Gottes erstaunlicher Liebe soviel weiß wie wir, ist es da nicht verwunderlich, dass wir überhaupt noch zweifeln können?

Zweitens kann es das eigene »Ich« sein, das uns zum Hindernis wird. Wir neigen dazu, selbst bei unseren scheinbar »guten Werken« selbstsüchtig zu sein! Wie sehr zögern wir, etwas aufzugeben, das sich unser »Ich« so

---

1 - *Johannes 16,9 eÜ*
2 - *Jakobus 1,6-8*
3 - *Römer 4,21 NGÜ*

sehr wünscht! Aber wir wissen, dass Gott ein eifersüchtiger Gott ist, der seine Ehre keinem anderen gibt.[1]

Stolz hindert das Gebet, denn Beten ist eine sehr demütigende Sache. Wie verabscheuenswert muss der Stolz in Gottes Augen sein! Denn schließlich haben wir alles, was wir sind und haben, von Gott empfangen. *»Wenn es dir aber geschenkt wurde, warum prahlst du dann damit, als hättest du es dir selbst zu verdanken?«*[2] fragt Paulus. Müssen wir uns nicht unter allen Umständen davor hüten, dass Stolz und Eifersucht unser Gebetsleben ruinieren? Wenn wir aber eine gewisse Sache nicht aufhören oder aufgeben wollen, wenn unser Stolz und unsere Gier uns beherrschen, wird Gott uns etwas geben, das schmerzt, damit wir von unserem Wahn geheilt werden. *»Da gab er ihnen, wonach sie verlangt hatten, doch er ließ sie krank werden an Leib und Seele.«*[3] Gott möge uns davor bewahren, – er möge uns vor uns selbst bewahren!

Unser verdorbenes »Ich« zeigt sich vor allem darin, wie gerne und in welcher Weise wir andere kritisieren. Präge dir folgenden Satz genau ein: Je ähnlicher ein Mensch Christus wird, desto weniger wird er sich als Richter über andere aufspielen!

Menschen, die gerne und ständig andere kritisieren, haben nur wenig mit Christus gemein. Sie sind vielleicht sein Eigentum, erkauft mit seinem kostbaren Blut, aber sie haben vergessen, wie barmherzig Gott mit ihnen umgeht. Sie haben den Geist der Liebe verloren.

Lieber Leser, wenn du eine kritische Natur hast, dann wende deine Kritik auf dich und nicht auf deinen Nächsten an. Wenn du dies tust, hast du mehr als genug zu tun, und es wird sich dir noch viel Grund bieten Demut zu erlernen.

---

1 - vgl. Jesaja 48,11
2 - 1. Korinther 4,7
3 - Psalm 106,15 NGÜ

Vielleicht empfindest du meine Meinung als zu hart? Vielleicht denkst du, dass meine Einstellung ein Freibrief zum Sündigen sein könnte – nach dem Motto, wenn niemand jemanden kritisiert, dann kann jeder tun, was er möchte. Nun, darum geht es ganz sicher nicht. Der Zweck biblischer Zurechtweisung ist die Wiederherstellung des Sünders und nicht seine Bloßstellung. *»Die Liebe ist langmütig und gütig.«* [1] Sind wir das?

Wir werden nicht dadurch besser, indem wir andere Leute schlechter machen als uns selbst. Aber wir vergrößern unsere eigene geistliche Freude und unser lebendiges Zeugnis für Christus, wenn wir uns weigern, andere zu verurteilen, sie zu missbilligen und vor anderen Leuten schlecht zu reden. Anfangs mag uns das schwerfallen, aber es ist eine Sache der Gewohnheit.

Besonders unter Christen geschieht gerne eine sogenannte »moderne Ketzerei«, bei der alles verdammt wird, was nicht dem jeweiligen Bild von Orthodoxie entspricht. Sicherlich sind wir dazu aufgefordert *»für den ein für allemal den Heiligen überbrachten Glauben zu kämpfen.«* [2] Und manchmal müssen wir auch reden – aber all das kann und muss immer im Geist der Liebe geschehen. [3]

Auch in unseren Gebeten müssen wir das Fehlersuchen an anderen strikt vermeiden. Der Kritikgeist ist für unsere Heiligung ebenso schädlich und sündhaft, wie sonst etwas, weil er sie sehr eng mit Hochmut verbunden ist.

Ich muss nicht erwähnen, dass wir als Kinder Gottes, die wir mit dem Geist und der Liebe Gottes erfüllt sind, niemals die Fehltritte unseres Nächsten vor anderen ausposaunen werden; selbst dann, wenn uns vielleicht Unrecht geschehen ist und wir meinen, unser Ansehen vor anderen

---

1 - 1. Korinther 13,4

2 - Judas 3 NGÜ

3 - vgl. Judas 1,20 ff.

wieder herstellen zu müssen. Unser Herr ertrug den Spott und die Anfeindungen der Sünder gegen sich, aber er beklagte sich nicht, noch brachte er als Gegenwehr ihre Sünden zur Sprache. Warum sollten wir es dann tun – wir, die wir doch selbst nur begnadete Sünder sind? Unser »Ich« muss gedemütigt und entthront werden, denn Christus ist der wahre Herrscher, da ist für Götzen in unserem Herzen kein Platz! Erinnern wir uns, was Gott von einigen religiösen Führern sagte: *»Diese Männer haben ihre Götzen in ihr Herz geschlossen ... Sollte ich mich wirklich von ihnen befragen lassen?«* [1]

Wenn Gottes Ehre unser Ziel ist, dann steht unseren Gebeten kein Hindernis im Weg. Wir sollten uns nur nach Christus selbst sehnen und weniger nach den Dingen, die er uns gibt. *»Habe Verlangen zum Herrn, und er wird dir geben, was du dir von Herzen wünschst.«* [2]

»Geliebte, wenn unser Herz uns nicht verurteilt, dann haben wir Freimütigkeit zu Gott; und was immer wir bitten, das empfangen wir von ihm, weil wir seine Gebote halten und tun, was vor ihm wohlgefällig ist.« [3]

Heute gilt es genauso wie zur Zeit der ersten Christen, dass Menschen bitten und nichts empfangen, weil sie in böser Absicht bittet, um es in ihren eigenen Lüsten – das heißt, für ihr eigenes »Ich« – zu vergeuden.[4]

Drittens kann Lieblosigkeit ein sehr großes Gebetshindernisse sein. Gottes erwählende Liebe ist die Voraussetzung für unseren Glauben und dafür, dass sein Geist der Liebe in unseren Herzen wohnt. Dieser Geist der Liebe wiederum ist eine Voraussetzung für wahres Gebet im Vertrauen zu dem Gott und Vater unseres Herrn Jesus

---

1 - *Hesekiel 14,3*
2 - *Psalm 37,4 eÜ*
3 - *1. Johannes 3,21+22*
4 - *vgl. Jakobus 4,3*

Christus. Es ist unmöglich, dass unser Verhältnis zu Gott in Ordnung ist, während unser Verhältnis zu unseren Mitmenschen zerstört ist. Der Geist, der uns im Gebet vertritt, ist derselbe Geist, durch den die Liebe Gottes in unseren Herzen wohnt.[1]

Können wir Menschen hassen oder gering schätzen, die Gott liebt, für die er seinen Sohn gab und die er zu seinem heiligen Volk erwählt hat? Wenn wir das tun, dann können wir unmöglich den Geist Christi haben! Wir müssen den grundlegenden Tatsachen unseres Glaubens ins Auge sehen, wenn unsere Gebete mehr sein sollen als eine bloße Form. *»Wer sagt: ›Ich liebe Gott‹, und hasst seinen Bruder, der ist er ein Lügner; denn wer seinen Bruder nicht liebt, den er sieht, kann Gott nicht lieben, den er nicht sieht!«*[2] So deutlich es Johannes in seinem Brief sagt, so unmissverständlich und herausfordernd sagt es unser Herr Jesus auch im Bezug auf die, die nicht unsere Glaubensgeschwister sind: *»Liebt eure Feinde«*, – tun wir das? – und er fügt hinzu: *»segnet, die euch fluchen, tut wohl denen, die euch hassen, und bittet für die, welche euch beleidigen und verfolgen, damit ihr Söhne eures Vaters im Himmel seid.«*[3]

Ich nehme an, dass viele von denen, die sich »Christen« nennen, nie über diese Frage nachgedacht haben. Wenn man hört, wie respektlos sie über andere sprechen, dann kann man nur vermuten, dass sie diese Zeilen aus Gottes Worte nie gelesen haben!

Unser Alltag ist das beste Übungsfeld für unsere Gebete. Gott behandelt unsere Bitten nämlich nicht danach, wie wir sie formulieren und zur Schau tragen, sondern nach seiner großen Gnade und Barmherzigkeit, die er denen entgegenbringt, die mit aufrichtigem Herzen zu ihm kommen.

---

1 - vgl. Römer 5,5
2 - 1. Johannes 4,20
3 - Matthäus 5,44-45

»Hitzige Leute können nur frostige Gebete hervorbringen«, lautet ein Sprichwort. Wenn wir dem Gebot unseres Herrn nicht gehorchen und einander lieben, dann sind unsere Gebete beinahe wertlos. Wenn wir nicht bereit sind, uns mit anderen zu versöhnen, dann ist unser Beten fast verschwendete Zeit. Leider hört man in unserer Zeit sogar leitende Personen einer Kirche sagen, dass es manche Leute gäbe, denen man nie vergeben könne! Wer so etwas sagt, der muss wohl eine abgekürzte Form des Vaterunsers kennen. Hat uns Jesus denn nicht gelehrt, zu beten: *»Vergib uns … wie wir vergeben.«* Und an einer anderen Stelle sagt er sogar: *»Wenn ihr aber den Menschen ihre Verfehlungen nicht vergebt, so wird euch euer Vater eure Verfehlungen auch nicht vergeben.«*[1] Wir erbärmlichen Sünder sollten es nicht wagen unsere eigene, so sehr benötigte Vergebung aufs Spiel setzen. Aber wie viele beten Sonntag für Sonntag das Vaterunser, sprechen die Worte Jesu, aber sind nicht im Geringsten bereit, ihren Feinden zu vergeben, ja nicht einmal den Freunden, die sie verletzt haben!

Manche Christen haben dem Gebet nie eine wirkliche Chance in ihrem Leben gegeben. Das geschieht vielleicht nicht aus bewusster Unaufrichtigkeit, sondern aus mangelnder Überlegung. Die Verantwortung dafür liegt bei denen unter uns, die das Wort predigen und lehren. Wenn wir biblische Lehren verkündigen, dann dürfen wir nicht vergessen, dass ihr Ziel die christlichen Taten sind. Die meisten Leute wollen tun, was recht ist, aber sie warten so sehr darauf, irgendwelche außergewöhnlichen großen Dinge zu tun, dass sie dabei die kleinen aber wichtigen Dinge im Leben verpassen.

Jesus sagte zum Volk, dass sie Gott ihre Opfergaben nicht bringen sollten, wenn und solange ihnen bewusst ist, dass ein ungeklärtes Problem zwischen ihnen und einem

---

1 - *Matthäus 6,15*

Bruder steht.[1] Ich bin mir sicher, dass dasselbe Prinzip auch auf unsere Gebete angewandt werden kann.

Leider sind wir sehr häufig zu träge und unwillig, einzusehen, dass gerade unsere Lebensführung unsere Gebete behindert! Zu oft fehlt es an der Bereitschaft, nach Jesu Gebot der Liebe zu handeln. Vielleicht haben wir den Wunsch, Menschen »zu gewinnen«. Aber ist uns auch bewusst, dass dafür unsere praktische Liebe von Nöten ist? Wir tendieren meistens dazu, unseren Nächsten unter Druck zu setzen, ihm nach unseren eigenen Vorstellungen zu prägen, und fügen ihm so Leid zu, anstatt ihn auf Jesus hinzuweisen.

Aber auch unser Familienleben kann unsere Gebete verhindern. In 1. Petrus 3 gibt uns Petrus einige wertvolle Ratschlägen über das Ehe- und Familienleben. Zusammenfassend kommt er zu dem Schluss, dass wir uns in unseren Ehen und Familien so verhalten sollen, dass unsere Gebete nicht verhindert werden.[2] Ich möchte meine Leser ermutigen, Gott zu bitten, dass er ihr Herz prüfen und ihnen zeigen möge, ob nicht etwa eine »bittere Wurzel« gegen jemand in ihnen sei.[3] Wir wollen doch alle das tun, was Gott gefällt. Es würde ein ungeheurer Gewinn für unser geistliches Leben sein, wenn wir uns entschließen könnten alles in unserer Kraft stehende zu tun, um im Frieden mit anderen zu leben und uns mit denen zu versöhnen, die im Streit mit uns leben. Bevor wir das nicht tun – soweit wir es an uns liegt – ist unser Beten womöglich nicht mehr wert als ein Hauch. Unversöhnlichkeit betrübt unsere Beziehung zu unserem himmlischen Vater und hindert uns daran, zu seiner Ehre zu leben.

---

1 - vgl. Matthäus 5,23
2 - vgl. 1. Petrus 3,1-10
3 - vgl. Hebräer 12,15

Ein Leben in der Liebe Jesu ist die wesentliche Voraussetzung für ein Leben mit wirksamen Gebeten. Gott ruft uns jeden Tag aufs Neue auf, Menschen zu werden, die bereit sind, seine reiche Gnade zu empfangen und an andere weiterzugeben. In Christus sind wir frei gemacht, zu entscheiden, ob wir unserer eigenen Natur nachgeben und dadurch teils bitter und unversöhnlich sind, oder ob wir seinem Geist Raum geben, damit die zarte Barmherzigkeit und Liebenswürdigkeit unseres Herrn Jesus Christus an uns sichtbar wird. Ist es nicht seltsam, dass wir, die wir Gottes Gnade so reich empfangen haben, noch zwischen diesen beiden Entscheidungen schwanken können?

Jesus sagte zu seinen Jüngern: *»Wenn ihr dasteht und betet, so vergebt, wenn ihr etwas gegen jemand habt, damit auch euer Vater im Himmel euch eure Verfehlungen vergibt.«* [1] Moment mal, wird da jemand einwenden; ist Gottes rettende Vergebung davon abhängig, dass ich anderen vergebe und nicht von seiner Gnade allein? Doch sicher, ist allein seine Gnade die Voraussetzung für unsere Errettung. Und doch sollten wir uns fragen, was dabei herauskommt, wenn wir nicht bereit sind zu vergeben – und was sagt dies über uns aus! Ein wahrer Christ kann sich vorübergehend weigern, anderen zu vergeben, doch er wird erkennen, dass das Ergebnis seines Handelns dazu führt, dass er Gott und seine Gnade nicht mehr genießen kann – und dieses Erlebnis wird ihn ganz sicher dazu bewegen, anderen zu vergeben.

Gottes Wort sagt uns, dass Redegewandtheit, Wissen, Glaube, Freigebigkeit und selbst Leiden für Christus uns gar nichts nützen, wenn unsere Herzen nicht voller Liebe sind.[2]

---

1 - Markus 11,25
2 - vgl. 1. Korinther 13

Viertens kann unser Gebet verhindert werden, wenn wir nicht bereit sind das zu tun, wozu Gott uns berufen hat.

Liebe ruft Mitleid hervor und bewirkt die Bereitschaft, dem Sünder in seinem Leid zu begegnen. Die Liebe zu Gott bewirkt die Sehnsucht, seine Herrlichkeit auf der ganzen Erde zu verkünden. So wie Paulus »empört« und »erschüttert« war, als er Athen voller Götzenbilder sah.[1] Wir können nicht aufrichtig beten: *»Dein Reich komme«*, wenn es nicht unser Anliegen ist, dass Gottes Königreich gebaut wird, indem wir seine Herrlichkeit bezeugen — sei es durch unsere Gaben, unsere Gebete oder durch unseren Dienst.

Unser Gebet für die Bekehrung von Verlorenen kann nicht aufrichtig sein, wenn wir nicht bereit sind, sie unter den Einfluss des Evangeliums Jesu Christi zu bringen. Als Moody einst ein Missionsprojekt starten wollte, traf er sich zuvor mit einigen Gläubigen zu einer Gebetsversammlung, die auch von einigen reichen Gemeindemitgliedern besucht wurde. Einer von ihnen begann darum zu beten, dass Gott die erforderlichen Mittel schenken möge, damit die Voraussetzungen für diese Arbeit geschaffen werden könnten. Moody unterbrach den Mann und sagte: »Es ist nicht nötig, dass wir Gott damit belästigen, denn wir können dieses Gebet selbst erhören.«

Ein fünfter Hinderungsgrund für unser Gebet kann sein, dass wir nicht erkennen, wie wichtig das Gebet der Gemeinde Jesu ist. Es ist doch auffällig, wie häufig unser Herr auf das gemeinsame Gebet hinweist. Die Bibel nennt es »Einswerden« im Gebet. *»Wenn zwei von euch auf Erden eins werden in irgend einer Sache, für die sie bitten wollen, so soll sie ihnen zuteil werden von meinem Vater im Himmel. Denn wo zwei oder drei in meinem Namen ver-*

---

1 - *vgl. Apostelgeschichte 17,16 NGÜ*

sammelt sind, da bin ich in ihrer Mitte.« [1]

Ich bin sicher, dass die geistliche Schwachheit vieler Gemeinden daher kommt, dass sie kraftlose oder gar keine Gebetsversammlungen haben. Morgen- und Abendgottesdienste, auch wenn sie noch so feierlich sein mögen, können weniger formelle Gebetstreffen nicht ersetzen, bei denen sich jeder am Gebet beteiligen kann. Können wir die wöchentlichen, lebendigen Gebetstreffen nicht zu einer Gewohnheit für unsere Gemeinden machen?

Sechstens: Das Lob Gottes ist so wichtig wie das Gebet! Wir sollen zu mit Dank und Lob, zu seinen Toren eingehen. *»Und was immer ihr tut in Wort oder Werk, das tut alles im Namen des Herrn Jesus und dankt Gott, dem Vater, durch ihn.«* [2]

Es ist kein Zufall, dass wir so oft aufgerufen werden: *»Freut euch im Herrn.«*[3] Gott will keine unglücklichen Kinder, und jedes seiner Kinder hat unendlich viel Grund, ihn zu preisen! Paulus, ein Mann, der viel Verfolgung erleiden musste, war auch ein Mann, der Gott mit Herz, Mund und Händen lobte. Er sang Loblieder während er im Gefängnis saß. Tag und Nacht lobte er seinen Heiland. Schon die Reihenfolge seiner Ermahnung ist bezeichnend: *»Freut euch allezeit! Betet ohne Unterlass! Seid in allem dankbar; denn das ist der Wille Gottes in Christus Jesus für euch.«* [4] Achten wir darauf, dass Paulus schreibt, dass dies *»der Wille Gottes«* ist! Es ist uns also nicht freigestellt.

Freut euch! Betet! Seid dankbar! Das ist die Ordnung nach Gottes Willen für dich und mich. Gott gefällt das Lob seiner Gemeinde und der Beter wird durch nichts mehr gesegnet als durch den Lobpreis Gottes!

---

1 - Matthäus 18,19-20
2 - Kolosser 3,17
3 - z. B. Psalm 32,11; 97,12; Joel 2,23; Philipper 3,1; 4,4
4 - 1. Thessalonicher 5,16-18

Ein Missionar, der schlechte Nachricht von zu Hause erhalten hatte, war sehr niedergeschlagen. Auch das Gebet änderte nichts an seiner Trauer. Um sich etwas abzulenken, besuchte er einen anderen Missionar. Als er dort angekommen war und in dessen Wohnzimmer saß, fiel sein Blick auf einen Spruch an der Wand: »Versuche es mit Danksagung!« Er tat es, und mit einem Mal verschwand alle Last und kehrte auch nicht wieder zurück. Sicher können wir Gott niemals genug loben. Aber gehört es zu unseren Gewohnheiten, ihn zu loben? Erleben wir, wie das Lob Gottes uns, unsere Einstellung und unser Gebetsleben verändert? Wenn wir ihm wirklich vertrauen, werden wir ihn allezeit preisen.

IHN, IHN lass tun und walten,
ER ist ein weiser Fürst
Und wird sich so verhalten,
Dass du dich wundern wirst,
Wenn ER, wie's ihm gebühret,
Mit wunderbarem Rat
Das Werk hinaus wird führen,
Dass dich bekümmert hat.[1]

Jemand, der einst Luther predigen hörte, sagte: »Barmherziger Gott! Welch ein Geist und welcher Glaube spricht aus seinen Worten. Er bittet Gott mit solcher Ehrfurcht, als ob er in Gottes Gegenwart wäre, und zugleich mit solch fester Hoffnung und solchem Vertrauen, als ob er sich an einen Vater oder Freund wenden würde.«

Luthers Haltung ist genau die Haltung zu Gott, die unseren Gebeten Kraft und unserem Herzen Gottvertrauen gibt!

Abschließend können wir sagen: Alle Gebetshindernisse entspringen der mangelnden Kenntnis von Gottes Wort

---

1 - Paul Gerhardt (1607-1676)

in Bezug auf die Berufung der Heiligen und der mangelnden Bereitschaft, Gott völlig hingegeben zu leben!

Wenn wir zu unserem himmlischen Vater sagen können: »Alles, was ich bin und habe, gehört dir«, dann kann er zu uns sagen: »Alles, was mein ist, ist dein.«

❁ 12 ❁

WER DARF BETEN?

Im 18. Jahrhundert wurden sechs Studenten von der Universität Oxford ausgeschlossen, weil sie sich in ihren Zimmern zum gemeinsamen inoffiziellen Gebet trafen. Als Reaktion auf ihren Ausschluss schrieb George Whitefield an den Rektor der Universität: »Es wäre zu hoffen, dass, nachdem einige wegen freien Betens ausgeschlossen wurden, einige andere von entgegengesetztem Schlag wegen leichtfertigen Schwörens ausgeschlossen würden.«

Gott sei Dank ist es in unserem Land noch nicht verboten, dass wir uns zum gemeinsamen Gebet treffen. Aber wir müssen uns von der Bibel her fragen, wer eigentlich beten darf! Ist es das Vorrecht aller Menschen? Die Antwort lautet: Ja, im eingeschränkten Rahmen!

Schon bei einem irdischen König hat nicht jeder das Recht, sich ihm ohne weiteres zu nähern. Dies ist nur gewissen Personen und Gruppen vorbehalten. Aber niemand findet so leichten Zutritt und so liebevolle Aufnahme wie der Sohn des Königs.

Bei Gott handelt es sich um den König aller Könige – und er ist der Gott und Vater aller Gläubigen in Christus. Das Vorrecht, ungehindert und voller Vertrauen zu ihm zu kommen, haben also nur diejenigen, die Kinder Gottes geworden sind, indem sie ihr Vertrauen auf Gott setzten und den Geist der Kindschaft empfingen!

Gott ist voller Barmherzigkeit und Gnade, sodass jeder Mensch ihn um Hilfe und Vergebung anrufen darf. Aber dieses Anrufen ist nur eine Form des Gebets.

Für Gotteskinder bedeutet Gebet, unter dem Schutz des Höchsten zu wohnen und im Schatten des Allmächtigen zu ruhen.[1] Beten heißt, Gott unsere Bedürfnisse und Anliegen zu sagen und Hände des Glaubens auszustrecken, um seine Gaben zu empfangen. Gebet ist das Wirken des Heiligen Geistes, der in uns wohnt. Es ist Gemeinschaft mit Gott. Allerdings kann es keine Gemeinschaft zwischen einem König und einem Rebellen geben. *»Denn was haben Gerechtigkeit und Gesetzlosigkeit miteinander zu schaffen? Und was hat das Licht für Gemeinschaft mit der Finsternis?«* [2] Von uns aus hätten wir kein Anrecht und keinen Anspruch auf Gott. Doch durch Jesus Christus haben wir beides, sowohl Anrecht als auch Anspruch, zu Gott zu kommen und ihn zu bitten.[3]

Gebet ist mehr als der Schrei eines Menschen, der im Strudel der Sünde unterzugehen droht: »Herr rette mich! Ich bin verloren! Ich kann nichts tun! Erlöse mich! Rette mich!« Diese Bitte darf uneingeschränkt jeder Mensch an Gott richten. Und wer dies mit aufrichtigem Herzen tut, wird auch erhört werden! Aber dies ist, wie schon gesagt, nur ein Aspekt des Gebets. Selbst Löwen, die nach Beute brüllen, suchen ihre Nahrung von Gott; und doch haben sie keine Gemeinschaft mit ihm wie ein Kind mit seinem Vater.

Jesus sagt: *»Denn jeder, der bittet, empfängt ...«* [4] Aber zu wem sagt er das? Er sprach zu seinen Jüngern![5] Gebet heißt auch Gemeinschaft mit Gott; und die Bibel sagt sehr klar, dass keine Gemeinschaft möglich ist, ohne dass der Heilige Geist in unseren Herzen wohnt, wir durch den Sohn mit Gott versöhnt sind und dadurch das Recht ha-

---

1 - vgl. Psalm 91,1
2 - 1. Korinther 6,14
3 - vgl. Epheser 2,18; 3,12
4 - Matthäus 7,8
5 - vgl. Matthäus 5,1 ff.

ben, Gottes Kinder genannt zu werden.[1]

Gebet ist also das Vorrecht der Kindes Gottes. Nur sie können Dinge von Gott erwarten, die er denen bereitet hat, die ihn lieben.[2] Unser Herr klärt uns darüber auf, dass wir Gott in unseren Gebeten unseren Vater nennen dürfen. Und Paulus sagt: *»Weil ihr nun Söhne seid, hat Gott den Geist seines Sohnes in eure Herzen gesandt, der ruft: Abba, Vater!«*[3] Diese Unterscheidung zwischen einem Gotteskind und denen, die es nicht sind, zeigt sich darin, wie Gott über Hiob sprach: *»Mein Knecht Hiob aber soll für euch bitten; denn nur ihn werde ich erhören!«*[4] Sobald aber jemand ein Gotteskind wird, muss er lernen, vertrauensvoll zu beten. Bekehrte Menschen *können* nicht nur beten, sie *müssen* beten – jeder für sich und selbstverständlich auch für andere. Aber bevor und solange wir nicht Gottes Kinder geworden sind, haben wir auch keinen Anspruch, als Kind behandelt zu werden – *»als Gottes Erben und Miterben Christi«*[5]. Glaubst du, dieses Urteil sei zu hart? Nein, es ist etwas völlig Natürliches. Sollte ein Kind denn keine Vorrechte haben?

Die Kluft, die zwischen Gott und dem Menschen besteht, hat der Mensch durch seine Sünde selbst aufgerichtet. Die Feindschaft, die von Natur aus zwischen dem Menschen und Gott herrscht, geht vonseiten des Menschen aus, doch der Zorn Gottes richtet sich zu recht gegen jeden Menschen, der an der Sünde festhält und nicht durch Christus mit Gott versöhnt ist. Jeder aber, dem der Heilige Geist die Herrlichkeit des Evangeliums offenbart, jeder, der ruft: »Gott sei mir Sünder gnädig!«, wird Gnade empfangen – egal für wie schlecht er sich selbst hält! Bis zu diesem

---

1 - *vgl. Johannes 1,12*
2 - *vgl. Römer 8,28*
3 - *Galater 4,6*
4 - *Hiob 42,8*
5 - *Römer 8,17 eÜ*

Punkt befindet sich jeder Mensch außerhalb der Herde Christi und außerhalb der Familie Gottes, für wie gut er sich auch selbst hält.

Wie wurden die Galaterchristen »Söhne Gottes«? Durch den Glauben an Christus. *»Denn ihr alle seid durch den Glauben Söhne Gottes in Christus Jesus.«* [1]

Gott hat versprochen, jeden Menschen von dem Augenblick an zu einem »Sohn Gottes« zu machen, in dem er sich in wahrer Reue und im Glauben zu Gott wendet. Aber wir haben keinerlei rechtmäßigen Anspruch an Gott, nicht einmal an seine Fürsorge, solange wir nicht seine Kinder sind. Wir können nicht mit Vertrauen und Überzeugung sagen: *»Mir wird nichts mangeln«*, bevor wir nicht mit Vertrauen und Überzeugung sagen können: *»Der Herr ist mein Hirte.«*

Ein Kind hat jedoch Anrecht auf die Fürsorge, Liebe, den Schutz und die Versorgung durch seinen Vater. Ein Kind kann aber nur durch Geburt in die Familie eintreten. Deshalb werden wir auch Gottes Kinder genannt, indem wir *»von neuem geboren«*[2] und zwar *»aus Gott geboren«*[3] werden – das heißt, durch den freien Entschluss Gottes.

Diese geistlichen Tatsachen dienen uns als eine Erklärung dafür, warum viele Leute das Gebet als völlig nutzlos ansehen. Ich möchte aber nicht versäumen hinzuzufügen, dass Gott in seiner Gnade manchmal auch die Gebete der Leute erhört, die keinen rechtmäßigen Anspruch darauf haben, – die nicht seine Kinder sind und vielleicht sogar leugnen, dass er existiert! Das Evangelium erzählt uns von nicht wenigen Ungläubigen, die zu Jesus mit der Bitte um Heilung kamen, und der Herr sandte keinen von ihnen ohne den erbetenen Segen weg. Sie kamen als »Bettler«

---

1 - Galater 3,26
2 - Johannes 3,3
3 - Johannes 1,13

und nicht als »Kinder«. Und selbst »wenn die Kinder zuerst satt werden sollen«, so empfangen die anderen doch die Brotkrumen – ja, oft mehr als das – die Gott ihnen in seiner freien Gnade zukommen lässt.

Doch bei diesen Antworten Gottes auf das Rufen der Ungläubigen handelt es sich nur um zeitlich begrenzte Segnungen. Um dies zu verdeutlichen möchte ich von dem Beispiel eines Freundes erzählen.

Dieser Freund war viele Jahre lang Atheist gewesen. Obwohl er nicht an Gott glaubte, hatte er doch vierzig Jahre in einem Kirchenchor mitgesungen, nur aus Freude an der Musik. Eines Tages wurde sein Vater schwer krank. Da fiel mein Freud auf seine Knie und rief: »Gott, wenn es dich wirklich gibt, dann zeige deine Macht und befreie meinen Vater von seinen Schmerzen!« Gott erhörte sein Gebet und nahm die Schmerzen augenblicklich weg. Dieses Erlebnis führte erst dazu, dass mein Freund seine Ansichten über Gott änderte. Er wandte sich an einen Christen, der ihm das Evangelium erklärte, und durch Gottes Gnade wurde er ein Kind Gottes und lebte sein Leben seitdem mit und für Christus. Ja, Gott ist größer als unser Unglaube und er ist bereit mehr zu geben, als wir jemals erbeten können.

Das vielleicht bemerkenswerteste »Gebet«, das ich von einem ungläubigen Menschen kenne, habe ich über die britische Autorin Caroline Frey[1] gelesen. Obwohl sie Schönheit, Reichtum und Ansehen besaß und in den besten Kreisen der Gesellschaft verkehrte, fand sie doch an alldem keine Erfüllung. Sie fing an, Gott zu suchen, doch ihr erstes Gebet war nicht mehr als ein Ausdruck des Hasses und der offenen Rebellion gegen Gott. Sie betete: »O Gott, wenn es dich gibt, – ich liebe dich nicht; ich möchte dich nicht; ich glaube nicht, dass in dir Erfüllung zu finden

1 - Caroline Frey (1787-1846), Autorin des Buches »Christ our Example«

ist. Aber ich bin so verloren. – gib mir bitte das, was ich nicht suche. Gib mir, wonach ich mich nicht sehne. Wenn du kannst, dann mache mich glücklich. Ich bin so unglücklich, wie es nur sein kann. Ich bin dieser Welt müde. Wenn es irgend etwas Besseres gibt, dann gib es mir.«

Und, o Wunder der Gnade Gottes – er erhörte ihr Gebet. Er machte ihr ihre Sünde bewusst, vergab ihr, machte sie völlig glücklich und schenkte ihr viel Frucht in ihrem Dienst.

Selbst in den gottlosesten Seelen wohnt eine Sehnsucht nach Gott, ein Fragen nach dem Guten, das sie nicht begreifen. Augustinus brachte es auf den Punkt: »Denn du hast uns zu dir hin geschaffen und ruhelos ist unser Herz, bis es ruht in dir.«[1]

Sollten wir deshalb unsere Frage ein wenig ändern und fragen: »Wer hat ein *Recht* zu beten?« Die Antwort lautet: Nur Kinder Gottes, in denen der Heilige Geist wohnt. Aber selbst dann ist es noch wichtig zu betonen, dass niemand ohne Scham und voller Vertrauen zu seinem Vater kommen kann, der nicht so lebt, wie er als Kind Gottes leben sollte. Wir müssen bedenken, dass Gott das Ziel hat, seine Gemeinde zu heiligen und zu erziehen. Daher wird Gott seine Kinder nicht verwöhnen, indem er ihnen seine Gunst schenkt, obwohl sie auf Irrwegen leben. Nur wer ein reines Gewissen vor Gott hat – damit ist nicht gemeint, wer sündlos lebt, sondern wer seine Schuld vor Gott bekennt –, der kann im Vertrauen und im Geist und in der Wahrheit beten.[2]

Wenn wir Gotteskinder sind, dann kann unsere Sünde ein Hindernis für unsere Gebete sein. Als Gottes Kinder haben wir jederzeit das Recht vor Gott zu treten. Und er versteht jede Gebetsform – egal ob sein Kind hochgebil-

---

1 - Bekenntnisse des Augustinus, 1,1

2 - vgl. Johannes 4,23-24

det oder ganz schlicht ist. John Wesley, als Akademiker, und William Cary, als einfacher Schuhflicker, hatten den gleichen Zugang und dasselbe Recht am Thron der Gnade. Denn die Grundlage hängt von nichts anderem ab, als von dem Werk Christi, das er für uns vollbracht hat, und davon, wer er ist und wozu er uns erwählt hat; nicht von unserer Herkunft oder Begabung, sondern von dem gnädigen Erbarmen unseres himmlischen Herrn.

Wir dürfen nicht den Fehler machen anzunehmen, dass manche Leute nicht die »Gabe des Gebets« besäßen! Ein Student an der Cambridge Universität fragte mich, ob das Gebet nicht eine Gabe sei, und zwar eine, die eben nicht viele besäßen? Er nahm an, gerade so, wie nicht jedermann musikalisch sei, könne man auch nicht von jedem erwarten, dass er ein Beter sei. Aber das Besondere an Georg Müller war nicht, dass er ein besonders begabter Beter gewesen wäre, sondern dass er Gott vertraute und deshalb betete. Es gibt Christen, die nicht besonders redegewandt sind, wie Mose zum Beispiel,[1] und die doch um Gottes Gnade wissen und daher viel Zeit allein im Gebet für Geschwister, Kranke, Prediger und Missionare verbringen und durch deren Gebet Gott großartige Dinge bewirkt. Alles, was wir benötigen, um Kraft im Gebet zu haben, ist das Vertrauen in unseren großen Gott und seine großen Verheißungen. Und doch ist es ein Wunder, dass Gott, obwohl es uns so oft an Vertrauen und Heiligung mangelt, sehr gnädig ist, er über unseren Glauben hinaus wirkt und sich als souveräner Herrscher erweist.

Henry Martyn[2] war ein Beter, doch er gab immer wieder zu, dass er betete, ohne wirklich viel Vertrauen zu besitzen. Er erklärte einmal, dass er glaube, eher würde ein Mensch von den Toten auferstehen, als dass sich ein Brah-

---

1 - vgl. 2. Mose 4,10

2 - Anglikanischer Pastor und Missionar in Indien (1782-1812)

mane bekehren würde. Allerdings sagt uns Jakobus: *»Ein solcher Mensch denke nicht, dass er etwas von dem Herrn empfangen wird«*?[1] Bei Henry Martyn traf es zu. Er starb, ohne zu erleben, dass auch nur ein Brahmane Christus als seinen Retter angenommen hätte. Martyn hatte zwar die Gewohnheit, sich jeden Tag zum Gebet zurückzuziehen, aber er glaubte nicht daran, dass Gott die Macht hatte, auch Brahmanen den Glauben zu schenken. Einige Zeit nach seinem Tod kamen Brahmanen und Moslems aus allen Teilen Indiens, Burmas und Ceylons zum Glauben an Jesus Christus. Wir wissen nicht, ob an seiner Stelle andere Gläubige auf Gottes souveräne Gnade vertraut und ihn um diese Bekehrungen angefleht hatten – entscheidend ist: Gott hat seine rettende Gnade geschenkt!

Wer darf beten? Jeder Mensch darf es, und seine Kinder sollen es! Aber tun wir es auch? Ich frage mich, ob der Herr mit mehr Gefallen und Freude auf uns schauen kann als zu der Zeit, als er sprach: *»Bisher habt ihr nichts in meinem Namen erbeten. Bittet, und ihr werdet empfangen; dann wird eure Freude vollkommen sein«*?[2] Wenn schon unser Herr vom Gebet abhängig war, um sein Werk mit Vollmacht tun zu können, wie viel mehr wir! Der Herr betete *»mit lautem Schreien und unter Tränen«*.[3] Und wir? Haben wir je eine Träne im Gebet vergossen? Wir wollen bitten: *»Schenk uns neues Leben, und wir werden deinen Namen wieder anrufen.«*[4]

Manchmal sind wir dazu aufgefordert, *»die Gnadengabe Gottes wieder anzufachen«*.[5] Der Heilige Geist ist der große Helfer des Gebets. Von uns aus sind wir nicht fähig, unsere Bedürfnisse in Gebet umzusetzen. Aber der Heilige

---

1 - *Jakobus 1,7*
2 - *Johannes 16,24 NGÜ*
3 - *Hebräer 5,7 NGÜ*
4 - *Psalm 80,19 NGÜ*
5 - *2. Timotheus 1,6*

Geist tut das für uns. Wir können nicht bitten, wie wir sollen, doch der Heilige Geist steht für uns ein. Menschen, die seine Unterstützung nicht haben, können daher nicht gottgerecht beten. Keine schwache oder zitternde Hand ist in der Lage, eine mächtige Kraft in Bewegung zu setzen. Warum denken wir also, dass wir von uns aus in der Lage wären, die Hand zu bewegen, die das ganze Universum trägt und erhält? Dies ist für uns völlig unmöglich, es sei denn, der Heilige Geist hat die Herrschaft über uns.

Wir brauchen täglich Gottes Hilfe zum Gebet – und in Christus haben wir sie! Stellen wir uns vor: Der heilige, große, souveräne, dreieinige Gott freut sich an den Gebeten seiner Kinder! Gott der Vater hört uns, der Heilige Geist leitet uns, und der Sohn vertritt uns im Gebet und bittet selbst für uns. So kommt die Antwort von oben!

Gebet ist eines der größten Vorrechte und die schwerwiegendste Verantwortung, die Gott den Christen übertragen hat. Wirkliches Gebet ist die edelste, erhabenste und erstaunlichste Handlung, die ein Mensch vollbringen kann.

Beten ist, wie Coleridge[1] sagte, das Höchste, was der Mensch tun kann. Von ganzem Herzen und mit allen Kräften zu beten, das ist die wichtigste Tat im Glaubenskampf des Christen.

»Herr, lehre uns beten!«

---

1 - Englischer Dichter und Philosoph (1772-1834)